Vom Saul zum Paul

Reinhold Andert

Vom Saul zum Paul

Anpassungs-Fortbildungslehrgang
auf freiwillig-demokratischer Grundlage

ELEFANTEN PRESS BERLIN

Umschlaggestaltung Holtfreter, Blank & Reschke
Karikatur Klaus Vonderwerth
Gesetzt aus der Syntax
Agentur Marina Siegemund, Berlin
Druck und Bindung Interpress Budapest
Printed in Hungary
ISBN 3-88520-603-X

Inhalt

Zum Geleit

Sehr geehrte Damen und Herren Kursleiter!

Sie erwartet eine verantwortungsvolle Aufgabe, ein ungewöhnliches Experiment: die Umerziehung von Kommunisten aus der ehemaligen DDR zu Demokraten. Gestatten Sie uns, an dieser Stelle die Hintergründe dafür zu erhellen:

Wenn ein politisches System sich ändert, bleibt immer eine kleine Gruppe von Menschen übrig, die das Neue ablehnen, ja es bekämpfen. Diese Leute waren die Elite des alten Systems. (Im Kommunismus hießen sie »Kader«.) Im neuen System haben sie nichts mehr zu sagen, ihre einstigen Privilegien sind dahin, ihre alte Welt ist zusammengebrochen. Das ist für sie bitter, es ist ein seelischer und sozialer Absturz, einer Bruchlandung vergleichbar.

Es ist die Pflicht derjenigen, die im neuen System die politische Verantwortung übernommen haben, diesen Menschen aufzuhelfen, sie in die neue Gemeinschaft zu integrieren und ihre Fähigkeiten für den Aufbau des Neuen zu nutzen. Dazu müssen diese Leute umgeschult werden. Ihr alter Glaube, ihre bisherige Philosophie muß durch solche Anschauungen ersetzt werden, auf denen sich das Neue gründet. Nehmen wir ein Beispiel: Nach dem Zusammenbruch des Dritten Reiches haben Amerikaner und Russen alle Deutschen zu Demokraten bzw. (leider) zu Kommunisten gemacht und vielen ehemaligen Nationalsozialisten ihre alte politische und soziale Stellung wiedergegeben.

Warum sollte das nun nicht auch für die Kommunisten in der ehemaligen DDR gelten? Sie haben zwar mehr Schuld auf sich geladen als die Nazis, weil sie unser deutsches Vaterland gespalten und den christlichen Glauben verleugnet haben – aber letztendlich sind sie irgendwie doch auch Menschen.

Die Bundesregierung hat sich daher zu einer Umerziehung dieser Personen entschlossen, in einem einjährigen Anpassungs-Fortbildungslehrgang auf freiwillig-demokratischer Grundlage.

Ob dieses historische Experiment gelingen wird, hängt in hohem Maße auch von Ihnen ab.

Der vorliegende Band soll Ihnen dabei helfen. Er enthält inhaltliche und methodische Hinweise zur Durchführung des Lehrganges. Jede der zwölf Lektionen enthält Fragen, deren richtige Beantwortung mit Punkten belohnt wird. Der Abdruck der Punktzahlen soll Ihnen die Bewertung erleichtern. Auf den Schülerbögen erscheinen sie selbstver-

ständlich nicht (beim Kopieren abzudecken). Achten Sie also bitte darauf, daß dieses Material nicht in die Hände der Umschüler gelangt!
Wir gehen davon aus, daß Sie sich in der Vergangenheit noch nicht genügend mit der wirtschaftlichen und geistigen Situation in den neuen Bundesländern befassen konnten. Auf wen treffen Sie bei dieser Umschulung, was geht in diesen Leuten vor?
Deshalb für Sie an dieser Stelle eine kurze Einführung:
Die Diktatur des Sozialismus-Kommunismus hat Millionen von Menschen auf der Welt in Not und Elend gestürzt. Er hinterließ zerstörte Städte, verseuchte Landschaften, marode Fabriken sowie Armeen geistiger und moralischer Krüppel. Dadurch hat er sich für alle Zeit vor der Geschichte erledigt.
Osteuropa steht am Ende. Ostdeutschland aber, die ehemalige DDR, erblüht. Dies war möglich durch Milliarden und Abermilliarden unserer Steuergelder in Form von EU-Fördermitteln und aus dem Bundeshaushalt. Die neuen Bundesländer sind wie Säcke mit vielen Löchern, aber nicht nur unser Geld fließt dorthin.
Tausende und Abertausende freiwillige Helfer, Ingenieure und Techniker, Fachleute aller Art, Handwerker, vor allem aus dem Baugewerbe, Wissenschaftler aller Disziplinen, Lehrer, Schuldirektoren, Offiziere des Bundes, Versicherungsexperten, Juristen, Steuerberater, ambulante Handelsfachleute, Ärzte und Polizisten, Verwaltungsbeamte aller Ebenen und Bereiche aus dem Westen stellten sich selbstlos zur Verfügung, um in einem gigantischen Aufbauprozeß die Folgen der vierzigjährigen Katastrophe im Osten zu beseitigen. Risikobereite Unternehmer, gestützt auf das segensreiche Wirken der Treuhandanstalt unter ihrer verdienstvollen Präsidentin Birgit Breuel, übernahmen, erfüllt von dem Pioniergeist der fünfziger Jahre, die heruntergekommenen Betriebe, um sie mit hohem Einsatz ihres Eigenkapitals wieder in Gang zu setzen.
Da es im Osten keinerlei Umweltschutz gab, mußten vorher riesige Flächen von verseuchten Grundstücken erworben und rekultiviert werden.
Langsam zeigen sich erste Früchte. Obwohl die Rentabilität der Betriebe sowie die Produktivität des einzelnen Arbeitsplatzes im Osten noch weit hinter Vergleichbarem des Westens hinterherhinken, werden den Arbeitnehmern im Osten bereits großzügig 70 bis 80 Prozent der Westlöhne und Gehälter ausgereicht. Auch die Rentner, die ja keine einzige DM eingezahlt hatten, erhalten aus unseren Rentenkassen einen hohen Prozentsatz der Westrenten.
»Keinem«, so sagte Helmut Kohl vorausschauend auf dem Erfurter

Domplatz, »wird es schlechter gehen.« Das wurde für alle, außer für die ehemaligen »Kader«, Wahrheit.

Die großen Opfer, die aus dem Westen für den »Aufschwung Ost« gebracht wurden, werden von den Völkern des ehemaligen Ostblocks bewundert und gewürdigt. Die Ostdeutschen werden von den Polen, Tschechen, Russen und anderen beneidet.

Sie selbst aber, die Ostdeutschen, wissen diese gewaltigen Leistungen nicht zu würdigen. Dankbarkeit ist für sie ein Fremdwort. Laut einer letzten Umfrage lehnen sogar sechsundsiebzig Prozent der Ostdeutschen das politische System der Bundesrepublik, die freiheitlich demokratische Grundordnung, ab. Davon profitiert die SED-Nachfolgepartei PDS. Bei Wahlen bekommt diese Partei zunehmend mehr Stimmen. Sie hat sich, gemeinsam mit anderen kommunistischen Parteien und kriminell-militanten Ausländerorganisationen, die gewaltsame Abschaffung unserer staatlichen Ordnung auf ihre Fahnen geschrieben. Sie wird deshalb als Partei beobachtet und steht kurz vor ihrem Verbot.

Woher aber kommt die Unzufriedenheit der Ostdeutschen?

Einige von ihnen mußten sich auf eine verlängerte Arbeitsplatzsuche begeben. Diese Erfahrung ist für sie neu. Daß sie dabei ein Mehrfaches ihres früheren Lohnes bzw. Gehaltes an Arbeitslosengeld erhalten, zählt bei ihnen nicht. Sie könnten, wenn sie wollten, diese freie Zeit nutzen, um preisgünstige Auslandsreisen zu unternehmen oder ihren Hobbys nachzugehen. Oder sie könnten diese Freiräume ausfüllen, indem sie in sich gehen, sich befragen, ihre Vergangenheit aufarbeiten und ihren Anteil an der Gesamtschuld festschreiben.

Nehmen wir ein Beispiel, ihre mangelhafte Bildung. Was sind ihre Diplome, ihre Doktor- und Professorentitel in Wirklichkeit wert? Nichts. Ihre Schulbildung bestand im wesentlichen aus Fahnenappellen und Politschulungen. Mit ihren im Osten erworbenen Fähigkeiten können sie heutzutage Hilfsarbeiter werden, Pförtner oder Putzfrauen, so sieht es doch aus. Könnten sie die neu gewonnene Zeit also nicht dafür nutzen, ihr Bildungsniveau dem westlichen wenigstens anzunähern?

Und noch ein ehrliches Wort, ganz unter uns, zu ihrer politischen Vergangenheit, die ja keiner von denen so richtig wahrhaben will. Die meisten waren doch in der SED oder in einer ihrer Hilfsorganisationen. Alle, mindestens aber neunundneunzig Prozent von ihnen, haben doch die SED (in Form der sogenannten Nationalen Front) gewählt. Sie waren Soldaten (auch Grenzsoldaten!), Arbeiter und Angestellte dieses Systems. Sie haben es dadurch geduldet, unterstützt und gefördert. Sie sind so, wenn auch teilweise nur indirekt, mitschuldig, beispielsweise an den Toten an der Mauer. Wenn man genau sein will, was man aber wegen des inneren Friedens nicht sein kann, dann müßte nach unserem Rechtsverständnis allen Ostdeutschen der Prozeß gemacht werden. Wenn das nicht geschieht, ergeht hier Gnade vor Recht. Nur einige Hauptschuldige, direkte Mordschützen und deren Drahtzieher, die Schreibtischtäter, kommen vor Gericht.

Den ehemaligen »Kadern« geht es, wie gesagt, natürlich heute *nicht* besser als in ihrer früheren DDR. Diese Leute standen sich damals außerordentlich gut. Sie waren privilegiert und lebten auf Kosten des Volkes. Sie besaßen schon zu DDR-Zeiten Westgeld und konnten reisen, wann und wohin sie wollten. Um welchen Personenkreis handelt es sich dabei? Dies festzustellen, ist wichtig, da diese Leute Ihre Umschüler sind.

Erstens staatsnahe und staatstragende Personen, Mitglieder und Funktionäre der SED oder ihre Steigbügelhalter aus den SED-Hilfsorganisationen, den sogenannten Blockparteien CDU, LDPD, NDPD und DBD.

Letzere haben zwar mit ihrer jeweiligen Schwesterpartei CDU/CSU bzw. F.D.P. dafür Sorge getragen, daß ihr Parteivermögen und ihre Immobilien rechtmäßig überführt wurden und nicht in den dunklen Kanälen des SED/PDS-Vermögens verschwanden, aber nur wenige von ihnen konnten weiterhin politische Verantwortung übernehmen. Viele, die keine solche Möglichkeit erhielten, waren deshalb enttäuscht und traten aus den wiedervereinten und so demokratisch gewordenen Parteien aus.

Zweitens staatliche Amtsträger, das sind Betriebsleiter und Schuldirektoren sowie deren Stellvertreter, Offiziere von Polizei, Armee und sogenannten Kampfgruppen, Stasischnüffler, Richter und Staatsanwälte.

Drittens SED-Funktionäre in weißen Kitteln, Chef- und Stationsärzte von Krankenhäusern und sogenannten Polit-Kliniken sowie Wissenschaftler, die einen Lehrstuhl an einer Universität hatten. Dazu kommt eine große Anzahl von sogenannten Geisteswissenschaftlern, man bezeichnete sie als Gesellschaftswissenschaftler, also Apologeten des alten Systems, die nun mit ihren Thesen und Parolen vor einem Scherbenhaufen stehen.

Viertens Theaterleiter und Staatskünstler, die zu kommunistischen Festen bei Hofe aufspielten. Außerdem angebliche Schriftsteller und Künstler, die die SED in ihren Werken verherrlichten und denen deshalb heute niemand mehr ein Buch, ein Lied oder ein Bild abkauft.

Diese Personen fanden nach der Vereinigung in angeblich schlecht bezahlten Berufen Unterschlupf, sie werden in einer befristeten ABM beschäftigt oder leben von Arbeitslosen- bzw. Sozialhilfe. Diejenigen, die

bereits das Rentenalter erreicht haben, erhalten zu Recht eine geringere Rente als in den alten Bundesländern. Zum Verlust des Ansehens kam bei vielen verständlicherweise der soziale Absturz. Sie wollten das zunächst mit Lügen verhindern. Deshalb unterschlugen sie bei Bewerbungen und Rentenanträgen wesentliche Teile ihrer Vergangenheit bzw. stellten sie falsch dar. Die meisten beendeten nach der Vereinigung ihre SED-Mitgliedschaft. Heute aber wählen sie, wie gesagt, wieder die SED/PDS und fordern in einer »Gesellschaft für Menschenrechte« die Wiederherstellung ihrer alten Privilegien.
All das schafft auf Dauer Unfriede und stört den harmonischen Aufbau unseres Vaterlandes.
Nur deshalb hat unsere Bundesregierung, einen Hinweis des Heiligen Vaters bei seinem ersten Besuch in unserem wiedervereinten Vaterland am 22. und 23 Juli a.D. 1996 dankbar aufgreifend, in Absprache mit unseren beiden Kirchen und unseren demokratischen Parteien beschlossen, diesen Zustand zu beenden.
Dieser Personenkreis der alten kommunistischen SED-Kader soll nun die Möglichkeit erhalten, den alten Ideen abzuschwören und umzudenken. Das soll kein äußerliches Lippenbekenntnis sein, sondern ein biblisches Metanoeite, wie es einst der heilige Paulus erfahren durfte, ein tiefer innerer seelischer Umwandlungsprozeß. Das dafür von der Zentrale für politische Bildung und den parteinahen Stiftungen erarbeitete Schulungsmaterial wurde von namhaften Wissenschaftlern unter Leitung des katholischen Dipl. phil. Reinhold Andert ausgearbeitet. Es kann Ihnen jedoch nur begleitend helfen. Die Hauptlast liegt auf Ihren Schultern.
An dieser Stelle sei es gestattet, einigen Persönlichkeiten zu danken, die beim Zustandekommen des Lehrmaterials unersetzliche Hilfe leisteten. Durch ihre intime Kenntnis der kommunistischen Irrlehre sowie deren menschenverachtender Umsetzung im ehemaligen Ostblock war es möglich, einige bis heute wenig bekannte Hintergründe zu erhellen. Zwar wollten diese Personen, wohl aus Bescheidenheit, namentlich nicht genannt werden, aber bei den Herren G. Schabowski (ehemals Mitglied des SED-Führungszirkels Politbüro), P. Przyvlibliwski (einst oberster Richter der ehemaligen DDR) sowie M. Uschner (Abteilungsleiter im SED-Zentralkomitee) glaubten wir, diese Bitte vernachlässigen zu dürfen. Durch ihre tätige Mithilfe an unserem Projekt haben sie versucht, einen Teil ihrer großen Schuld abzutragen.
Unser besonderer Dank aber gilt einer Reihe von katholischen und protestantischen Geistlichen und tiefgläubigen Laien aus der ehemaligen DDR, die uns bei der Ausarbeitung des Lehrgangs als leuchtende

Vorbilder dienten. Sie, die in der atheistischen Finsternis das Licht der frohen Botschaft nicht erlöschen ließen, mußten erleben, wie viele Menschen aus der ehemaligen DDR dem Druck des marxistisch-leninistischen Irrglaubens ausgesetzt waren und ihm aus menschlicher Schwäche und Überlebensgründen anheimfielen. Sie kennen die demagogischen Geheimnisse und sophistischen Tricks der Kommunisten. Sie waren und sind in der Lage, dieses Lügennetz zu entknoten und an seiner Stelle das uns alle umspannende Netz des christlichen Glaubens zu knüpfen. Stellvertretend sei an dieser Stelle den Pfarrerinnen und Pfarrern sowie christlichen Laien Anna-Dorothea Lieberknecht, Angelika Merkel, Claudia Nolte, Rainer Eppelmann, Joachim Gauck, Stephan Hilsberg, Markus Meckel, Steffen Reiche, Manfred Stolpe und Wolfgang Thierse herzlichst gedankt.
Sie, verehrte Damen und Herren, haben sich bereit erklärt, sich als Kursleiter/in für die ersten Ein-Jahres-Lehrgänge zur Verfügung zu stellen.
Ihre Umschüler wissen, daß sie danach eine Prüfung sowie einen Eid ablegen müssen und ein Zeugnis erhalten. Es wird den Personal-Unterlagen beigelegt und bietet die Gewähr. Eine sehr gute Note garantiert eine Einstellung im öffentlichen Dienst, eine nochmalige Neuberechnung der Rente und eine problemlose Mitgliedschaft sowie spätere Verantwortungsübernahme in einer der demokratischen Parteien. Ihre Gauck-Täterakte wird ausgelagert. Das kostet alles viel Geld. Der moralische Zugewinn für unser Volk, für die innere Versöhnung, steht jedoch in keinem Verhältnis zu diesen finanziellen Aufwendungen.
Die Schüler der ersten Lehrgänge werden u.a. bekannte Persönlichkeiten und hohe SED-Funktionärskader aus der ehemaligen DDR sein. Sie werden nach erfolgreichem Abschluß später Ihre Stellen als Kursleiter der nächsten Lehrgänge einnehmen. Die immer noch vorhandene moralische Evidenz dieser Personen kann für den Erfolg des Umerziehungsprozesses von großem Nutzen sein.
Die Form dieser Umschulung wird Ihnen neu sein. Sie ist der den Umschülern vertrauten Form der einstigen Parteilehrjahre entlehnt. Wundern Sie sich deshalb nicht, wenn Ihre Schüler eifrig mitschreiben und das, was ihnen wichtig erscheint, in ihren Aufzeichnungen farblich unterschiedlich kennzeichnen. Diese Methode sind sie von ihren bisherigen politischen Schulungen (Parteilehrjahren) gewöhnt.
Sie, verehrte Damen und Herren, müssen sich auch nicht scheuen, zunächst das kommunistisch-marxistische Vokabular, das in den ersten sechs Lektionen dieser Anleitung vorkommt, zu gebrauchen. Im Gegenteil, es schafft ein Vertrauen zwischen Ihnen und den Umschülern.

Jede Lektion enthält Fragen, deren Beantwortung mit Punkten bewertet wird. Eine hohe Punktzahl sichert eine gute Abschlußnote. Es ist für die Umschüler hilfreich und anspornend, die Auswertung nach jeder Lektion vorzunehmen. Umschüler, die zunächst nur eine geringe Punktzahl erreichen, sollten die Möglichkeit erhalten, dieselben Fragen in der nächsten Stunde noch einmal beantworten zu dürfen.
Der Erfolg dieser Umschulung hängt vor allem von Ihrem Einfühlungsvermögen, Ihrem Geschick und Ihrer moralischen sowie geistigen Unbeirrbarkeit ab.
Dazu wünschen wir Ihnen Gottes Segen!

Bundesrepublik Deutschland
Die Bundesregierung
Ministerium für Inneres
Referat Entwicklungshilfe
Kommission Umerziehung neue Bundesländer

Reinhold Andert,
Leiter der Kommission

P.S.: Vor jeder Lektion stehen für Sie methodisch-didaktische Hinweise. Manchmal ließ es sich nicht vermeiden, diese auch in den Lehrtext selbst hineinzuweben. Wenn sie von diesen Kennzeichen ☛ ☚ begrenzt sind, dann dienen sie **ausschließlich Ihrer persönlichen Information**.
R. A.

Teil I: Bilanz

Thema 1
Eine historische Sackgasse
Die russische Oktoberrevolution und die siebzigjährigen Folgen

Methodisch-didaktische Hinweise für die Damen und Herren Kursleiter

Nach dem Zweiten Weltkrieg okkupierten die Russen und Polen den Osten Deutschlands. Der mittlere Teil unseres Vaterlandes zwischen Elbe und Oder wurde russische Besatzungszone.
Fünfzig Jahre lang war also ein Stück unserer Heimat quasi ein Teil Rußlands oder ist es noch.

☛ Die Russen hinterließen bei ihrem Abzug aus Deutschland Tausende und Abertausende Quadratkilometer unbrauchbar gewordene Wüste. Die schönsten Landschaften unserer ostdeutschen Heimat hatten sie nach dem Krieg enteignet, besetzt, mit Stacheldraht eingezäunt und mit Minen gesichert. Davor standen Schilder mit der Aufschrift: »Opasnaja zona, streljatza!« (Gefährliche Zone, es wird sofort geschossen!) Niemand von den Ostdeutschen wußte, selbst SED-Genossen nicht, was in diesem Gelände passierte. Erst nach dem Abzug, den wir uns mit über zehn Milliarden Steuergeldern erkaufen mußten, sah man den Grund für diese Absperrung: eine ungeheure Katastrophe, eine von Panzern und Granaten zerfurchte Mondlandschaft, ein durch hochgiftige Öle und Chemikalien verseuchtes Militärgelände, mutwillig zerstörte Kasernen- und Wohngebäude, innen verlaust und verdreckt. Wie oft und eindrucksvoll wurde das im Fernsehen bewiesen!
Aber, was noch viel schlimmer war, vor allem in den Seelen und in der Kultur der ostdeutschen Menschen hinterließ diese russische Besatzungsmacht schmerzlich tiefe Spuren. Die russische Kultur hatte sich sogar bis in den ostdeutschen Alltag hinein eingenistet. Worte wie »Datsche« (Ferienhaus), »Kollektiv« (Gruppe), »Schlagbaum« (Grenze), »Landschaft« (Gegend), »Frühstück« bzw. »Butterbrot« (Brotzeit), »Potsdamer« (Radler) kommen aus dem Russischen und werden von den Ostdeutschen bisweilen heute noch gedankenlos und unkritisch weiterverwendet.
Ihre Kursteilnehmer schöpften, und hier kommen wir auf den tieferen Grund, all ihre bisherigen kommunistischen Anschauungen und ihre Lebensmaximen aus ihrem Bild von Rußland, d. h. der ehemaligen So-

wjetunion, welches natürlich mit der Realität ganz und gar nichts zu tun hatte. Deshalb muß dieser Lehrgang mit einer gründlichen Darstellung der **wahrhaften** Geschichte und den **tatsächlichen** Zuständen in Sowjetrußland **beginnen**.
Das Leben in Rußland war nämlich, was für Sie, verehrte Kursleiter, wahrscheinlich schwer zu glauben sein wird, für Ihre Umschüler in jeder Beziehung Vorbild.
Wir werden darauf noch mehrmals im Einzelnen zu sprechen kommen, vorläufig aber nur dies Allgemeine: Die russischen Zustände, d. h. die Lebensart in Sowjetrußland, mußte Schritt für Schritt übernommen werden. Als geheimes Ziel war anvisiert, die ehemalige DDR zu einer Sowjet-Republik zu machen. Als Voraussetzung dafür mußte jedes Kind in der Schule fünf Jahre lang intensiv die russische Sprache lernen. Die »Freundschaft zur Sowjetunion« war wie eine heilige Kuh. Sie mußte »wie ein Augapfel« gehütet werden. Wer an ihr zweifelte oder sich gar abfällig darüber äußerte, kam ins Gefängnis.
Um dieses Sowjet-Deutschland zu errichten, schreckte man auch nicht vor eklatanten Geschichtsfälschungen zurück. Es wurde ein total verzerrtes Bild von der sogenannten russischen Oktoberrevolution und deren Folgen gemalt. Ebenso wurden die Spuren, die die deutsche Wehrmacht im Laufe des Zweiten Weltkrieges in Rußland hinterließ, falsch und einseitig dargestellt. Dazu dienten russische Propagandafilme, in die die Ostdeutschen vor bestimmten Feiertagen, wie etwa dem 8. Mai, getrieben wurden.
Der Zusammenbruch 1945 wurde als »Befreiung« gefeiert. Laut SED-Propaganda verteilten die russischen Offiziere und Soldaten damals an die deutsche Bevölkerung nur Liebesgaben. Die Wahrheit aber, auf die wir, wie gesagt, noch zu sprechen kommen, war tabu. Ihr Aussprechen galt als Verleumdung des »sowjetischen Brudervolkes«.
Über Fernsehen, Rundfunk, Presse, hier vor allem die Spezialzeitung »Freie Welt«, die ausschließlich über die Sowjetunion berichtete, erhielten die Ostdeutschen ein verfälschtes Bild von den damaligen tatsächlichen Zuständen in Sowjetrußland. Aber auch vor Ort hätten sie sich kein wahres Bild machen können. Urlaubsreisen nach Rußland waren kontingentiert. Das staatliche »Reisebüro« vergab sie nur an ausgewählte Kader. Die Reisenden wurden von der Stasi und dem KGB streng bewacht und von den Einheimischen abgeschirmt. Ihnen wurden nur die Schokoladenseiten der russischen Großstädte Moskau, Leningrad und Kiew gezeigt. Die Gebiete außerhalb dieser Städte waren auch für sie, wie für alle Ausländer, gesperrt. Ihre Schüler wissen nichts, aber auch gar nichts über die tatsächlichen Zustände, und deshalb ist

die Wahrheit über die ehemalige Sowjetunion, die Zertrümmerung dieses ihres falschen Bildes, ein notwendiges Fundament, auf dem die späteren Kurse dann aufbauen können.
Die folgende Einführung zum Thema enthält wegen der Fülle des Faktenmaterials – immerhin 72 Jahre Sowjetdiktatur – nur Stichpunkte. Vieles wird für Ihre Schüler neu sein und möglicherweise Erstaunen hervorrufen.
Zur Einstimmung empfiehlt es sich, methodisch so vorzugehen, daß Sie folgende kommunistische These an die Tafel schreiben:

»Die Oktoberrevolution eröffnete den Zusammenbruch des Kapitalismus und den Beginn des Kommunismus!«

Bitten Sie die Schüler, diese Parole zu erörtern.
Es könnten dann möglicherweise noch alte Propaganda-Argumente kommen. Sie werden aber merken, wenn Sie bei solchen Argumenten den Kopf schütteln, daß Ihre Schüler beim Herunterbeten dieser alten Thesen stocken werden. Sie sind verunsichert und werden anschließend versuchen, um sich bei Ihnen beliebt zu machen, das genaue Gegenteil zu behaupten. Aber auch das entspricht ja so nicht den Tatsachen.
Die Schüler merken also, daß ein planloses Herangehen und Herumdiskutieren zu keinem Ergebnis führt.
Beginnen Sie deshalb an dieser Stelle mit Ihrer wissenschaftlich-systematischen Darlegung.

1. Die Lage in Rußland vor der Errichtung der kommunistischen Diktatur

Rußland besaß keinerlei Industrie. Es war ein riesiges Reich, ein **reines Agrarland**. Der Kaiser (Zar) und seine Beamten, Gutsherren und Großbauern (Kulaken) bildeten eine Oberschicht, die die Geschicke von Millionen leibeigener Bauern lenkte. Diese waren Analphabeten und liefen in Bastschuhen herum. An ihrer ungeheuren Armut und Beschränktheit aber waren sie selbst schuld. Jahrhundertelang hatten sie sich geweigert, die Bildungs- und Zivilisationsangebote der deutschen Missionare (u.a. des Deutschen Ritterordens) anzunehmen. Die russischen Bauern waren groß und kräftig gebaut (»russischer Bär«), Arbeit war jedoch für sie ein Fremdwort. Sie lagen den ganzen Tag faul auf dem Ofen herum, schlugen ihre Frauen und tranken täglich eine Flasche Wodka. Dieser gefährliche, aus Sägespänen selbstgebrannte Fusel, auch »Vä-

terchen Wodka« genannt (Wodka, d.h. »Wässerchen«), war vor Jahrhunderten gegen die sibirische Kälte erfunden worden. Der unmäßige Genuß desselben hatte sich aber über die Zeit auch in wärmeren Gegenden Rußlands durchgesetzt. Der jahrhundertelange zügellose Alkoholmißbrauch führte zur Degeneration eines ganzen Volkes.
Gorbatschow, der diese russische Volkskrankheit Nummer eins erkannt hatte und heilen wollte, wurde aus diesem Grund von seinem Widersacher Jelzin gestürzt. Jelzin wußte dabei das russische Volk auf seiner Seite. Auch seinen neuerlichen Wahlerfolg hat er vor allem seiner großzügigen Haltung in der Alkoholfrage zu verdanken.
Der russische Mann, auch Iwan genannt, hat eine »russische Seele«. Das kontinentale Klima in Rußland – klirrende Fröste im Winter und trocken-heiße Sommer – hat das Blut der Russen über Jahrhunderte dickflüssig gemacht. Der Russe ist dadurch schwerfällig und gutmütig, neigt aber, besonders nach unmäßigem Alkohohlgenuß, zu gewalttätigen Extremen. Daher kommt vor allem eine gewisse Unberechenbarkeit der Russen.
Die Mädchen und Frauen erledigen in Rußland die Arbeit. An Feiertagen sind sie mit bunten, farbenfrohen Trachten geschmückt und tanzen in Birkenwäldchen nach Balalaika-Klängen.
Das ist der eine Teil der Wahrheit über Rußland. Er tritt uns heute durch Film- und Fernsehsendungen oder in Estraden-Programmen russischer Volkskünstler entgegen. In der Vergangenheit wurde er in der Literatur eines Tolstoi, Puschkin, Dostojewski, Tschaikowski oder Gogol geschildert.
Der andere Teil der Wahrheit aber, ebenfalls aus Sendungen und dieser Literatur ersichtlich, war und ist die **tiefe Frömmigkeit** des einfachen russischen Menschen. Sie ist zwar vom europäisch-abendländischen Weltbild her schwer verständlich, könnte aber durchaus für uns Europäer heutzutage eine gewisse Vorbildwirkung haben. Der russische Bauer war (und ist heute noch) fest in seiner natürlichen Umwelt und im christlich-othodoxen Glauben verwurzelt. Er begreift das **Staatswesen** als **natürliche Ordnung** und bezeichnet sein Land liebevoll als **»Mütterchen Rußland«**. Er lebt sein Schicksal als von Gott gegeben in einem in sich ruhenden seelischen Gleichgewicht. Nie wäre ihm, auch während der Zarenzeit, in den Sinn gekommen, an dieser Ordnung zu rütteln oder mit seinem Schicksal zu hadern.
Dies war damals die Sache der Städter, der **Intellektuellen**, der Studenten. Sie waren die Abkömmlinge einer durch Alkohohl und Inzucht degenerierten adligen russischen Oberschicht (siehe »Der Idiot«). Bei Reisen ins Ausland hatten diese Leute europäische Lebensformen und An-

schauungen kennengelernt, hatten den Reichtum Europas und den hohen Lebensstandard der dortigen Menschen gesehen und waren **neidisch** geworden.
Sie wollten auch so leben. Aber anstatt sich solch ein schönes Leben durch Arbeit, Fleiß und Disziplin zu verschaffen, glaubten sie, es durch einen anarchistischen Umsturz zu erreichen. (Der Anarchismus ist bekanntlich eine Erfindung des Russen Bakunin.) So kam es schon im Jahre 1905 zu ersten Unruhen in Moskau. Diese Anarchisten stellten sich aber nicht zum offenen Kampf, sondern, feige wie sie waren, griffen sie zu hinterhältigen Bombenattentaten. Zu dieser Zeit war der Zar noch stark genug, den Aufstand zu beenden und Ruhe und Ordnung wiederherzustellen. Das änderte sich erst im Ersten Weltkrieg, der wegen der Feigheit der russischen Offiziere und Soldaten vorzeitig abgebrochen werden mußte.
Im **Februar 1917** übernahm in Moskau eine demokratische Regierung unter Kerenski die Macht und setzte die Zarin Katharina die Große ab. Die Kommunisten unter Lenins und Stalins Führung aber glaubten, daß ein jahrhundertelanges Zarenregime nicht durch eine freiheitliche Demokratie ersetzt werden könne. Damit hatten sie teilweise sogar Recht. Ein Volk, das jahrhundertelang von einer Person (dem Zaren) regiert wurde, kann nicht über Nacht die Demokratie einführen. Das kann nur allmählich geschehen. Deshalb ist auch das heutige Präsidentenamt in Rußland dem Zarenamt nachempfunden. Diese Meinung vertritt vernünftigerweise auch General Lebed, der rechte Arm des heutigen Präsidenten Jelzin. Doch zurück zur Geschichte: Im **Oktober 1917** stürmten Lenin und Stalin den Kreml in St. Petersburg und errichteten ihre **kommunistische Diktatur**.

2. Die Errichtung der kommunistischen Diktatur

Die erste kommunistische Diktatur von **Lenin und Stalin** unterdrückte radikal alle Andersdenkenden. Selbst Kommunisten, die von ihrer Linie abwichen, wie beispielsweise Menschewisten und Trotzkisten, wurden unbarmherzig verfolgt und ermordet. Der immerhin halbwegs funktionierende Verwaltungsapparat des Zaren wurde zerschlagen. Fachleute wie Ingenieure, Ärzte, Juristen, Polizei- und Armeeoffiziere, Verwaltungsangestellte wurden liquidiert oder kamen nach Sibirien. Die großen Landgüter wurden verstaatlicht (Sowchosen), die Höfe der Großbauern zwangskollektiviert (Kolchosen).
Und das waren die **Hauptziele** der russischen Kommunisten:
- **Abschaffung der Familie** und zügelloser Sex in sogenannten Kom-

munen. (Bezeichnenderweise hatte Lenin keine Kinder, Stalin nur uneheliche.)

• **Zwangsarbeit für alle**, um den Millionen Kommissaren und Funktionären ein angenehmes Wohlleben zu verschaffen. (Für Lenin mußte ein prächtiges Mausoleum aus feinstem Marmor gebaut werden!)

• **Abschaffung** sämtlichen **privaten Eigentums** sowie Einheitskleidung für das Volk. (Für Funktionäre wurden dagegen teure amerikanische und deutsche Luxusautos sowie extravagante Kleidung eingeführt.)

• Erziehung der Kinder zu **seelenlosen Robotern**. (Das widersprach eklatant dem Wesen der »russischen Seele« und mußte notwendigerweise zu Konflikten führen.)

Um diese Ziele zu erreichen, übernahmen bewaffnete politische **Kaderkommandeure** in Ledermänteln (Kommissare) ohne Fachwissen die Macht. Es kam zu einem ungeheuren Chaos in der Wirtschaft. Hunger und Elend waren die Folgen. Bis zum Schluß war Sowjetrußland von Weizenlieferungen aus den USA und Deutschland abhängig.

Alle Versuche, sich gegen die kommunistische Diktatur zur Wehr zu setzen, wurden blutig niedergeschlagen.

Einheiten der früheren Armee, die Weiß-Gardisten – so genannt im Gegensatz zu den Anhängern der Kommunisten, den Rot-Gardisten –, hatten, eingedenk ihres Militäreides auf den Zaren, versucht, in einigen Gegenden die Errichtung der kommunistischen Diktatur zu verhindern. Sie wurden gnadenlos niedergemacht. Die wenigen Überlebenden, die Zarentochter Anastasia, Offiziere, Adlige sowie die zahlenmäßig geringe Intelligenz Rußlands, flohen ins westliche Ausland. Von hier aus nahmen sie den Kampf gegen das totalitäre Regime in ihrer Heimat auf. Erst nach **72 Jahren** sollte er zum **Erfolg** führen.

3. Die Eroberungen fremder Länder durch Sowjetrußland

Im Jahre 1933 wurde Rußland umbenannt. Es hieß jetzt UdSSR, »**U**nion **d**er **S**ozialistischen **S**taaten **R**ußlands«. Die unabhängigen **Nachbarstaaten** wurden dem russischen Imperium **gewaltsam einverleibt**. Das waren nicht nur solche Länder mit ähnlich russischer Kultur, wie Weißrußland (Belorußland), die Ukraine oder Georgien, sondern auch solche ihnen kulturfremde, europäische Staaten, die einst vom Deutschen Ritterorden kultiviert worden waren, wie Litauen, Lettland und Estland. Aber auch moslemische und buddhistische Staaten, wie etwa Kasachstan, Afghanistan, Usbekistan und Turkmenistan wurden von den Rot-Gardisten dem Sowjetimperium einverleibt.

In den eroberten Ländern wurde, ähnlich wie zuvor in Rußland, die staatliche und geistige Führung der Völker liquidiert oder zur Emigration gezwungen. An ihre Stelle traten russische **Politkommissare**, die alle wichtigen Ämter besetzten. Politiker, Ärzte, Lehrer, technische Intelligenz sowie die Direktoren der Betriebe waren ausschließlich Russen.

Das war so bis zum Jahre 1990, dem Untergang der Sowjetreiches. Das Ziel der Kommunisten, die kommunistisch-atheistische Umerziehung dieser Völker, ging Hand in Hand mit einem erbittert geführten **Kampf gegen** jeden **religiösen Glauben**, ob christlich, buddhistisch, jüdisch oder moslemisch. Die Kirchen, Tempel, Synagogen und Moscheen wurden geschlossen und in Museen bzw. Lagerhallen oder Garagen für Staatskarossen umgewandelt. Alle Klöster wurden abgerissen und die Religionsausübung verboten. Selbst der Besitz einer Bibel oder eines Korans war verboten und brachte die Besitzer nach Sibirien. Anstelle dessen wurden staatlich-atheistische Zwangsorganisationen geschaffen, wie die Lenin-Pioniere, der Komsomol oder der Partei-Geheimdienst (Tscheka). Die Mitgliedschaft war für alle sowjetrussischen Beamten Pflicht. Die einheimischen Sprachen und Gebräuche wurden verboten und deren Anwendung unter Strafe gestellt.

Die dadurch entstandenen tiefen **religiösen Konflikte** zwischen den russischen Kommunisten und diesen Völkern, die über siebzig Jahre sozusagen unter der Decke schwelten, kommen nun unter den neuen demokratischen Verhältnissen zum Ausbruch. Das jahrzehntelang begangene Unrecht erzeugte religiöse, ethnische und politische Spannungen, die sich heute in kriegerischen Ereignissen entladen wie etwa zwischen Armenien und Asherbaidschan oder in Tschetschenien.

Die Aufdeckung und Abrechnung dieses begangenen Unrechts ist heute die Voraussetzung einer späteren Versöhnung. Aber sie birgt für den Weltfrieden eine große Gefahr, da Rußland noch über Atomwaffen verfügt und bisher nicht freiwillig auf die völkerrechtswidrig annektierten Ölfelder und Diamantbergwerke verzichten will. Deswegen ist es so wichtig, daß der Westen in diesen Gebieten mit Hilfe russischer Reformer die demokratische Marktwirtschaft einführt.

4. Die Epoche Stalins

Lenin hatte den Georgier Joseph Wissarionowitsch Dschugaschwili zu seinem Nachfolger bestimmt. Der nannte sich später **Stalin** (»Der Stählerne«). Stalins linker Arm war kürzer als der rechte. Das führte bei ihm schon sehr früh zu **psychischen Störungen**, die später seine Politik bestimmten.

Unter Stalins Regime gelang es zunächst, einigermaßen Ansätze einer Ordnung in das russische Chaos zu bringen. Aber **Stalin** war genauso wahnsinnig wie **Hitler**, nur schlimmer. Während Hitler durch eine erfahrene und traditionsreiche deutsche Industrie- und Verwaltungselite gesteuert und gebremst werden konnte, durfte der Paranoiker Stalin schalten und walten, wie er wollte.
Hitlers Vorbereitungen zum Zweiten Weltkrieg zeitigten immerhin solche epochalen Ergebnisse wie den Aufbau des kompletten Autobahnnetzes in Deutschland, das nach dem Krieg in ganz Westeuropa nachgeahmt wurde. Stalins gigantisch in Angriff genommenen Großprojekte dagegen versackten im Sand. Sie verschandelten nur die Landschaft und zerstörten das natürliche Gleichgewicht ganzer Regionen.
Stalin ließ aus Angst um seinen Posten durch den Chef des sowjetrussischen Geheimdienstes **Berija** zunächst alle hohen Parteifunktionäre unter dem Vorwand, Spione des Westens zu sein, verhaften und erschießen. Diese »Säuberung« erfaßte aber nicht nur bestimmte Personen, sondern jeder konnte von seinem Nachbarn angezeigt werden, um in sibirischen Straflagern zu verschwinden. Unter den Opfern waren sogar Ausländer. Auch deutsche Kommunisten, die nach der Machtergreifung Hitlers geflohen waren, wurden an Nazi-Deutschland ausgeliefert oder endeten in sibirischen Straflagern. Infolge interner Machtkämpfe der Kommunisten waren sie von ihren Parteigenossen denunziert worden. Die Überlebenden, später hohe Parteifunktionäre, wie der Bulgare Dimitroff, die Deutschen Pieck, Ulbricht und **Wehner**, haben sie verraten. Die Beweise dafür liegen in russischen Archiven, allerdings auch heute noch unzugänglich für die Öffentlichkeit.
Der Einmarsch deutscher Truppen nach Sowjetrußland begann, nachdem Stalin den Krieg gegen Deutschland geplant hatte. Der Osten Polens, Teile von Weißrußland sowie die baltischen Staaten waren bereits vorher überfallen und dem Sowjet-Imperium einverleibt worden. Die deutsche Wehrmacht konnte sie nun für kurze Zeit befreien, was von den dortigen Bewohnern dankbar aufgenommen wurde.

5. Die Errichtung des Ostblocks

Nach dem Zweiten Weltkrieg kamen zunächst die unmittelbar am Krieg beteiligten Staaten Europas wie Polen, die Tschechei, die Slowakei, Ungarn, Rumänien, Jugoslawien, Bulgarien und Österreich wegen **angeblicher Kollaboration** ihrer Regierungen mit Deutschland unter sowjetrussische Vorherrschaft. Sie wurden von russischen Truppen besetzt, und die Kommunisten dieser Staaten übernahmen die Regierung.

Mit Hilfe dieser Marionetten errichteten die russischen Besatzer eine Diktatur nach sowjetrussischem Vorbild. Vermeintliche Kollaborateure wurden hingerichtet oder kamen in ein Straflager nach Sibirien. So hatte Stalin durch eine geschickte Politik gegenüber den Westmächten den sowjetrussischen Machtbereich auf Mitteleuropa ausgedehnt.
Während es Österreich und Jugoslawien (teilweise) gelang, das sowjetrussische Joch abzuschütteln, wurde in den anderen Ländern die Herrschaft des Kommunismus nach **sowjetrussischem Vorbild** errichtet. Die eroberten Staaten mußten sich wirtschaftlich (RGW) und militärisch (Warschauer Pakt) völlig den imperialen Interessen Sowjetrußlands **unterordnen**. Demokratische Versuche einer Lockerung der totalitären Verhältnisse wurden vom Sowjetmilitär blutig niedergeschlagen (DDR 1953, Ungarn 1956, ČSSR 1968).
Aber nicht nur diese europäischen Staaten kamen unter die sowjetrussische Knute. Auch weit entfernte Länder wie China, Korea, Vietnam, Kuba, Grenada, zeitweilig auch Chile und Portugal sowie viele Staaten Afrikas gehörten zum sowjetrussischen Imperium. Zeitweise herrschte der Kommunismus fast in einem Drittel der Erde! Damit war nach dem Zusammenbruch der Sowjetunion Gottseidank Schluß! Mit den kommunistischen Diktatoren dieser Länder wurde abgerechnet. Wenn man ihrer habhaft werden konnte, erhielten sie ihre grechte Strafe. Einigen aber gelang es, rechtzeitig ins Exil zu flüchten. Dort leben sie von ihren früher angelegten Schweizer Konten in Saus und Braus. Nur in Kuba und Korea halten sich noch die kommunistischen Machthaber, aber auch deren Uhr ist abgelaufen.

Fragebogen zum Thema 1 Punkte

1. Wie bezeichnen die Russen ihre Heimat? Als	
a) »Väterchen Wodka«	5
b) »Mütterchen Rußland«	10
c) »Russischer Bär«	0
2. Welcher Glaube prägt Rußland?	
a) der slawische Götzen-Glauben	0
b) der russisch-orthodoxe Sektenglauben	10
c) der wahrhafte christlich römisch-katholische Glauben	5
3. Wie hieß ein zwangsenteigneter Betrieb der Landwirtschaft	
a) Kolchose	10
b) LPG	5
c) Subbotnik	0
4. Was waren die Folgen der kommunistischen Machtübernahme	
a) Hunger und Elend	10
b) Atheismus und Chaos	5
c) Das Paradies	0
5. Warum stellt Rußland heute eine Gefahr für den Weltfrieden dar?	
a) Weil der Iwan an sich unberechenbar und Jelzin ein Säufer ist	5
b) weil Rußland noch Atomwaffen besitzt	10
c) weil es ihnen wirtschaftlich so schlecht geht	0
6. Stalin war	
a) Vegetarier	0
b) Paranoiker	10
c) Alkoholiker	5
7. Wie hieß Stalins Geheimdienstchef?	
a) Bermuda	0
b) Berija	10
c) Bersarin	5
8. Wie hieß der militärische Verbund des Ostblocks?	
a) NATO	0
b) RAF	5
c) Warschauer Pakt	10
9. Wie nannte man die Wirtschaftsvereinigung des Ostblocks?	
a) COMIKON bzw. RGW	10
b) KONSUM bzw. VEB	0
c) KOMINTERN bzw. KGB	5

Auswertung: Höchstpunktzahl 90: ausgezeichnet; 85 Punkte: sehr gut; 75 – 80 Punkte: gut; 65 – 70 Punkte: ausreichend; unter 65 Punkte: ungenügend.

Thema 2
Freiheit und Diktatur
Die Geschichte der beiden Teile Deutschlands von 1945 bis zur Wiedervereinigung

Methodisch-didaktische Hinweise für die Damen und Herren Kursleiter

☛ Sollten Sie sich bisher wenig oder gar nicht mit der Geschichte und den politischen Verhältnissen in der ehemaligen DDR beschäftigt haben, dann dient dieser Abschnitt auch zu Ihrer eigenen Information. Konfrontieren Sie die Schüler mit diesen Wahrheiten, auch wenn sie in einigen Fällen geringfügig von deren Erfahrungen abweichen sollten.
Die Fülle des Stoffes fordert von allen Beteiligten große Disziplin. Lokkern sie daher dieses ernste Thema auf. In der ehemaligen DDR gab es eine Unzahl politischer Witze. Es kennzeichnet einen totalitären Staat, daß man seinen Unmut und Zorn nur heimlich unter guten Freunden mit Witzen loswerden konnte. Die Kenntnis und das Erzählen solcher Witze war in der ehemaligen DDR mit großen Gefahren für Leib und Leben verbunden. Möglich ist deshalb, daß Ihre Umschüler bei diesen Witzen gewisse Hemmschwellen empfinden. Fordern Sie deshalb ihre Schüler im entsprechenden Abschnitt auf, einen dieser Witze zu erzählen. Aus ihrem Verhalten können Sie dann die nötigen Rückschlüsse ziehen: Wer keine Witze kennt bzw. nicht über die erzählten lacht oder sich eventuell noch beleidigt fühlt, gehört zur Kategorie der absolut härtesten Betonköpfe. Deren erfolgreiche Umschulung müssen Sie mit einem Fragezeichen versehen. Wer solche Witze kennt und erzählen kann, dabei aber stockt oder schamhaft tut, gehörte gewissermaßen zur oppositionellen Strömung, zum Widerstand in der letzten SED-Ära und ist bereits auf dem richtigen Weg der Besserung. Wer aber flott und munter solche Witze heraussprudelt, sich selbst dabei vor Lachen ausschüttet, wie man so sagt, bei dem ist Vorsicht geboten! Warum macht er sich dermaßen über ein System lustig, das er offiziell in seinem Amt vertrat? Wohnen da nicht zwei Seelen in seiner Brust, ist er ein Wolf im Schafspelz? Wird er sich in Zukunft nicht auch so doppelzüngig verhalten? Diesen Personenkreis behalten Sie bitte in der nächsten Zeit besonders scharf im Auge.
Sie selbst können sich auch beteiligen, denn am Schluß des Kapitels haben wir für Sie ein paar Beispiele für politische Witze notiert. Dadurch zeigen Sie sich als intimer Kenner der DDR-Verhältnisse.

Und noch etwas: Ihre Umschüler sind es aus ihren früheren Parteilehrjahren gewohnt, bei für sie schwierigen und unangenehmen Problemen den Kursleiter vom Thema abzubringen. Sie werden versuchen, um ein Beispiel zu nennen, von ihrer defekten Dachrinne und den Schwierigkeiten mit Handwerkern zu berichten. Oder sie erzählen von ihrer letzen Odyssee, bei der sie sich einen neuen Auspuff für ihr altes Auto verschafften. Unterbinden Sie solche unnötige Diskussionen **rechtzeitig**, sie kosten nur Zeit und gefährden das Lehrgangsziel.

1. Die Teilung unseres Vaterlandes

Am 8. Mai 1945 unterzeichnete Feldmarschall **Keitel** die Kapitulationsurkunde. Zuvor gelang es Großadmiral **Dönitz**, dem Nachfolger Adolf Hitlers als Reichspräsident und Oberbefehlshaber der Wehrmacht, die Gesamtkapitulation so lange hinauszuzögern, bis ein großer Teil der sich nach Westen absetzenden Truppen und der Flüchtlingsströme sich dem Zugriff der Roten Armee entziehen konnte. So gelangten noch etwa zwei bis drei Millionen Menschen in die Freiheit, in den Bereich der Westalliierten.
Auf der Insel **Jalta** hatten die vier Siegermächte festgelegt, Deutschland und Berlin in vier Besatzungszonen aufzuteilen. Für die Zukunft Deutschlands gab es mehrere Pläne. Einer davon, der von den Westalliierten vorgeschlagen wurde, der **Morgenthau-Plan**, sah vor, Deutschlands Industrie wiederherzustellen, um es in eine blühende Landschaft zu verwandeln. Damit wollte man den Annexionsgelüsten der Russen, die mit Hilfe ihrer kommunistischen Partei-Marionetten in den westlichen Ländern ihre Fühler schon weit nach Westeuropa ausgestreckt hatten, ein wirksames Bollwerk entgegensetzen. Dieser Plan stieß natürlich bei den Sowjetrussen auf Ablehnung. Auf der **Potsdamer Konferenz** (Juli / August 1945) kam es notwendigerweise zu den ersten Differenzen zwischen den westlichen Besatzungsmächten und der Sowjetunion, die später zum sogenannten Kalten Krieg führen sollten.
Die drei westlichen Mächte einigten sich daher separat, aus den o.g. Gründen die Industrie Deutschlands in ihrem Verantwortungsbereich wieder herzustellen und ihren Zonen bei der Errichtung demokratischer Strukturen zu helfen, um sie später als vereintes **vollwertiges Mitglied** in die Gemeinschaft der **Freien Welt** aufzunehmen.

2. Der Verlust der Heimat

Deutschland verlor auf Grund alliierter Abkommen, die auf russischen Druck hin zustandegekommen waren, große Teile seines östlichen Territoriums, wie Teile von Österreich und Ungarn, sowie Ostpreußen, das Baltikum, Schlesien und das Sudetenland. Die deutschen Ostgebiete werden bis heute von Polen, Tschechen, Ungarn und Russen verwaltet. Diejenigen der etwa 22 Millionen Heimatvertriebenen, denen es gelungen war, in den **westlichen Zonen** Aufnahme zu finden, erhielten für ihren Verlust eine angemessene Entschädigung. Sie konnten sich schnell eine neue Existenz aufbauen.

In Heimatvertriebenenverbänden pflegten sie in ihren alten Trachten ihr heimatliches Brauchtum. Ihre Treffen wurden vom Osten als »Revanchistentreffen« verunglimpft. Von Revanche aber konnte und kann keine Rede sein. Die Vertriebenen wollen nur ihr Recht. Nicht alle wollen aber heute in ihre alte Heimat zurück, weil ihre Städte, Dörfer und Gutshäuser infolge vierzigjähriger kommunistischer Mißwirtschaft verfallen sind.

In der Ostzone erhielten die Vertriebenen keinerlei Entschädigung. Sie durften sich weder organisieren noch ihr Brauchtum pflegen. Lediglich die Schlesier und Sudentendeutschen, die in der Mehrzahl katholisch waren, fanden sich heimlich unter dem Dach der Kirche zusammen. Die Vertriebenen hießen im Osten »Umsiedler«. Durch »Freundschaftsverträge« mit den »sozialistischen Bruderstaaten« meinte man, einen Schlußstrich unter dieses völkerrechtliche Unrecht gezogen zu haben.

Die gewaltsame Enteignung und Vertreibung wurde im Osten mit dem Verhalten der deutschen Wehrmacht in diesen Ländern begründet. Man kann aber die Situation im Krieg nicht mit der im Frieden vergleichen. Eine **innere Aussöhnung** dieser Völker mit dem deutschen Volk **steht noch aus**. Sie kann nur erreicht werden durch eine offizielle Entschuldigung gegenüber den Vertriebenen, verbunden mit einer Rückgabe des Enteigneten sowie einer angemessenen Entschädigung für den eingetretenen Wertverfall.

3. Das Wirtschaftswunder im Westen

Der wirtschaftliche Aufschwung in den westlichen Besatzungszonen begann mit dem **Marschall Morgenthau Plan**, so genannt nach dem amerikanischen Verteidigungsminister Marschall Morgenthau. Binnen kurzem kam die deutsche Industrie über ihren Vorkriegsstand hinaus.

Begleitet wurde diese Hilfe von der caritativen Aktion »**Care-Pakete**«, die vom Bischof Care in den USA ausging. Diese Geste der westlichen Siegermächte half bei der Versöhnung unserer Völker. Später wurde eine dauerhafte Freundschaft daraus.

Die mit westalliierter Hilfe und dank deutschen Fleißes in Gang gekommene Wirtschaft verlangte zu ihrer Absicherung eine **Währungsreform**. Da die Sowjetrussen entgegen allen Absprachen in ihrer Besatzungszone am 23. Juni 1948 eine eigene Währung planten, waren die drei westlichen Militärgouverneure gezwungen, dem zuvorzukommen und am 20./21. Juni 1948 ihrerseits eine Währungsreform durchzuführen. Am 20. Juni 1948 war die Geburtsstunde der **Demark**, heute die härteste Währung der Welt.

Im Gegensatz zu den brutalen Säuberungskampagnen der Sowjetrussen kam die demokratische **Entnazifizierung** in den westlichen Besatzungszonen rasch und erfolgreich voran.

Vor allem die US-Militärregierung agierte dabei beispielhaft. Es wurden mit Deutschen besetzte Kammern eingerichtet. Die deutschen Kandidaten mußten einen Fragebogen mit 131 Fragen ausfüllen und wurden dann in die Kategorien Mehr- oder Minderbelastete, Mitläufer und Widerstandskämpfer eingeordnet. Folgen hatten diese Kammer-Beratungen und die daraus folgenden Einsstufungen nicht, da sie, wie im heiligen Bußsakrament, vom Geiste der Vergebung und Versöhnung getragen waren und dadurch den inneren Frieden unseres Volkes herbeiführten.

Im **Frühjahr 1948** war in den Westzonen die Entnazifizierung abgeschlossen. Seitdem gibt es hier **keine Nazis** mehr. Die zeitweilig, meist auf Grund sowjetrussischer Verleumdungen, internierten deutschen Spezialisten, Experten und Fachleute aus Wirtschaft, Politik und Justiz bekamen Haftentschädigung und übernahmen wieder wirtschaftliche und politische Verantwortung.

Zur Neuordnung der Demokratie wurden die durch Hitler verbotenen **Parteien** (CDU/CSU, SPD, KPD und FDP) wieder zugelassen. Im Zuge des von den Sowjetrussen entfachten Kalten Krieges, der u.a. auf die Errichtung eines kommunistischen deutschen Einheitsstaates zielte, sahen sich die Westmächte gezwungen, einen **demokratischen Teilstaat** zu bilden. Am 8. Mai 1949 wurde das Grundgesetz für die Bundesrepublik Deutschland beschlossen. Am 14. August 1949 fanden die ersten **freien Wahlen** für den ersten Deutschen Bundestag statt, aus denen die CDU/CSU als klarer Sieger hervorging. Am 15. September 1949 wurde mit überwältigender Mehrheit (202:201 Stimmen) **Konrad Adenauer** zum ersten Bundeskanzler der neu gegründeten Bundes-

republik Deutschland gewählt. Wirtschaftsminister wurde der Vater des Wirtschaftswunders, **Heinz Erhard.**
Die KPD hatte zwar 1949 – zum Schein! – dem Grundgesetz der BRD zugestimmt und sogar großmäulig behauptet, eines Tages würde sie die einzige sein, die es vor der Macht des Kapitals verteidigen würde, aber da sie an ihrem Antikapitalismus starrsinnig festhielt, mußte sie 1956 logischerweise als verfassungswidrig verboten werden.

4. Die Befreiungslüge

Die als »Befreiung« bezeichnete Besetztung Ostdeutschlands war eine der größten **Lügen** in der deutschen Geschichte. Nach dieser SED-Propaganda hätten hochgebildete sowjetische Kulturoffiziere den Deutschen Goethe und Schiller vorgelesen und an die hungernde Bevölkerung Brot und Suppe verteilt.
In **Wirklichkeit** war die sowjetrussische Besetzung das **Terrorregime** einer demoralisierten russischen Sodateska. Ganze Landstriche wurden dem Erdboden gleichgemacht und die Einwohner erschossen bzw. nach **Rußland** abtransportiert (Wolgadeutsche). Die letzte private Habe wurde den Deutschen **geraubt**, alle ostdeutschen Museen und Betriebe vollständig **geplündert**. Später wurden einige Bilder zurückgegeben. Das war ein winziger Teil und ein Propagandatrick. Viele deutsche Kunstgegenstände, so der Schatz von Troja, das Bernsteinzimmer und zahlreiche unersetzbare Bibliotheken lagern noch heute in russischen Magazinen und verrotten. Alle ostdeutschen Frauen und Mädchen, die den Russen gefielen, wurden **vergewaltigt**. In den Kommandanturen wurden Bordelle eingerichtet. Für die Kinder bekamen diese Frauen später keine Unterstützung, denn diese Vergewaltigungen hatten offiziell nie stattgefunden. Unschuldige Mitläufer der Nazis wurden von Militärgerichten in Schnellverfahren zum **Tode verurteilt** oder kamen nach Sibirien. Hunderttausende deutsche Fachleute mußten **Zwangsarbeit** in Rußland leisten.
In Ostdeutschland prallten nach dem Krieg zwei unterschiedliche Kulturen aufeinander. Die **asiatische Steppenkultur** der Sieger stieß auf die **abendländische Zivilisation** der Besiegten. Die Geschichte der ehemaligen DDR ist der Versuch der Sieger und späteren »Freunde«, ihre Kultur den Ostdeutschen aufzuzwingen. Leider sind diese Versuche an unseren ostdeutschen Brüdern und Schwestern nicht spurlos vorübergegangen. Schlamperei, Faulheit, Dummheit und Feigheit, als sogenannter Friedenswille bezeichnet, ergriffen nach und nach von ihnen Besitz. Umso wichtiger sind Umschulungskurse wie dieser.

5. Sowjet-Deutschland

Nach Kriegsende wurden die auf russischen Spezial-Schulen präparierten deutschen **kommunistischen Funktionäre** (»Gruppe Ulbricht«) sowie mittels Gehirnwäsche und Elektroschocks zwangsumgeschulte Angehörige der deutschen Wehrmacht (»Nationalkomitee Neues Deutschland«) mit Militärflugzeugen nach Ost-Berlin gebracht.
Hier übernahmen sie die führenden Machtpositionen. Die **SPD-Genossen**, die nicht von Stalin bzw. Hitler umgebracht worden waren und teilweise, oft unter Einsatz ihres Lebens, zum Schein bei den Nazis mitgemacht hatten, dachten, sie könnten die Kommunisten austricksen und selber an die Macht kommen. Deshalb fingierten sie ihr freiwilliges Mitwirken bei der von den Sowjetrussen befohlenen Zwangsvereinigung mit der KPD zur **SED**. Diese Rechnung ging aber nicht auf, weil es auch unter den SPD-Genossen Verräter gab, die von den russischen Politoffizieren mittels Psychoterror »umgedreht« worden waren. Nehmen wir solche Leute wie Grotewohl, nach dem zu Recht heute keine Straße mehr benannt werden darf. Sie hatten aus dem Totalitarismus der Nazizeit nichts gelernt, im Gegenteil. Sie machten sich in der SPD zu verlängerten Armen der sowjetrussischen und deutschen Kommunisten, die das totalitäre System der Nazis lediglich umkehrten und mit einem anderen, dem kommunistischen Vorzeichen versahen. Für das einfache Volk hat sich im Kommunismus im Vergleich zu den Nazis nichts geändert.
Alle Sessel wurden von SED-Genossen besetzt. Wer während der Nazizeit ein Amt hatte, kam nach Sibirien. Die neuen Lehrer, Juristen, Betriebsdirektoren, Bürgermeister waren Leute, die keinerlei Erfahrung besaßen. Wichtig war allein das Parteibuch. Diese Praxis wurde bis zum Ende der ehemaligen DDR geübt.
Die sowjetrussische Besatzungsmacht betrachtete die SBZ – »Sowjetisch besetzte Zone«, so hieß dieser Teil Deutschlands früher, und viele waren bis 1989 der Meinung, daß dieser Name den Nagel auf den Kopf traf – als **ihr Eigentum**. Alle Eisenbahngleise und Maschinen wurden demontiert und nach Sowjetrußland gebracht. Durch diese »Reparationen« wurde der Osten Deutschlands zu einer **wüsten Agrarregion**. Die Bauern hatten den Hauptteil ihrer Ernten und des Viehs, das »Soll«, für die Ernährung der russischen Besatzer abzuliefern. Sämtliche **Bodenschätze** wurden unter Militärkontrolle abgebaut und **nach Sowjetrußland geschafft**. Das Gebiet um Gera beispielsweise war umzäuntes Hoheitsgebiet. Hier wurde von ostdeutschen Bergleuten Uran für die russischen Atomwaffen gefördert. Schutzmaßnahmen gab es

weder für Bergleute noch für Umwohner. Heute muß die Bundesrepublik Milliarden aufwenden, um Abraum und Gesundheitsschäden zu beseitigen.

Für ihre Atomwaffen und andere Technik verschleppten die Russen, da sie selbst keine Fachleute hatten, deutsche Ingenieure und Wissenschaftler nach Rußland.

Die damaligen **Medien**, d.h. die Nachrichtenagentur, Zeitungen und Rundfunk, waren zweisprachig, deutsch und russisch. Sie wurden **streng kontrolliert**. Alle Sendungen mußten von der Militäradministration genehmigt werden.

Obwohl die Macht formal der SED-Führung übertragen war, hielt das russische Militär die **Fäden fest in der Hand**. An den Sitzungen der SED-Spitze (Politbüro) nahm immer ein Vertreter der russischen Militäradministration teil. Später war das der jeweilige russische Botschafter. Sie erteilten Befehle, die von den SED-Genossen ausgeführt werden mußten.

Um dem Ganzen einen **demokratischen Anstrich** zu geben, wurden Wahlen befohlen. Bei den ersten (und letzten!) freien Wahlen in Ostdeutschland wurde die CDU mit 52 Prozent Sieger, und die Kommunisten (SED) erlitten mit 14,6 Prozent einen Einbruch. Das war für die Kommunisten eine ungeheure Blamage und wurde deshalb auch nicht veröffentlicht.

Aus diesem Grunde wurde danach in einer Art Staatsstreich die Führungen der **anderen Parteien**, der Christlich Demokratischen Union (CDU), der Liberaldemokraten (LDPD), der Nationaldemokraten (NDPD) und der Deutschen Bauernpartei (DBD) von **Kommunisten** übernommen. Struktur und Organisation dieser Parteien, der sogenannten Blockparteien, wurden denen der SED angeglichen. Regelmäßig wurden ihre Mitglieder nach dem Vorbild der SED-Parteilehrjahre marxistisch-leninistisch geschult. Diese Parteischulen waren meist ehemalige Schlösser, die nach dem Krieg enteignet worden waren.

Für die nächsten »Wahlen« wurden diese Parteien in einer »Nationalen Front« vereinigt und mußten als Gesamtpaket bestätigt werden. Die Postenverteilung hatte die **SED vorher bestimmt**.

Wer nicht zu so einer »Wahl« ging, wurde abgeholt, später nur registriert, und verlor seine Arbeit. Die Chefs dieser Block-Parteien mußten sich regelmäßig bei der SED-Spitze einfinden. Hier erhielten sie politische Anweisungen und Geld.

6. Das System der Diktatur

Die sowjetrussische Administration hatte mit Hilfe der SED das **ganze Volk** mit einem dichten Netz politischer Vereine, sogenannter **Massenorganisationen**, überzogen. Sie wurden von der SED-Führung straff geleitet und kontrolliert. Durch sie übten die Sowjetrussen bzw. die SED auf fast jeden Menschen **ideologischen Einfluß** aus.

Die SED

Die aus der KPD und SPD im Jahre 1946 in der SBZ gebildete SED wurde von der **KPD geleitet**. Der Eintritt war zwar formal freiwillig, für Angestellte und viele Berufe aber **Pflicht**. Mit dem Eintritt verlor der »Genosse« jede persönliche Freiheit. Zu seiner Erkennung mußte er, wie die Juden im Dritten Reich, in der Öffentlichkeit ein Kennzeichen tragen, das **SED-Abzeichen**. Jeder SED-Genosse bekam einen mit Lichtbild versehenen Partei-Ausweis, das **»Partei-Dokument«**. Sein Verlust hatte schwere Partei- und staatliche Strafen zur Folge. In ihm waren die außerordentlich hohen Abgaben an die Partei **(»Parteibeiträge«)** verzeichnet. Da die SED-Genossen wesentlich mehr Lohn bekamen, oft das Doppelte und Dreifache eines normalen Arbeitnehmers, taten ihnen diese Abgaben an die Partei zwar nicht weh, die SED aber konnte über diesen Trick der verordneten hohen Löhne und Gehälter an ihre Mitglieder im Laufe von vierzig Jahren ein immenses Vermögen ansammeln.

Dazu schöpfte die SED **Milliarden und Abermilliarden** Gewinne sowohl aus den parteieigenen Betrieben, wie sämtlichen Verlagen und Druckereien, als auch aus allen anderen staatlichen Betrieben der ehemaligen DDR über deren Werbeausgaben ab. Obwohl an allem eklatanter Mangel herrschte, mußte nämlich jeder Betrieb für seine Produkte werben.

Die einzige Werbeagentur aber, die Unsummen forderte und erhielt, hieß DEWAG und war in SED-Besitz. Diese Milliarden wurden vor der Wende heimlich und rechtzeitig über Tarnfirmen der Bundesrepublik Deutschland und Österreich auf **Schweizer Konten** transferiert, wo sie heute noch das finanzielle Rückgrat der SED/PDS bilden. Eine Rückgabe dieses widerrechtlich dem Volk der ehemaligen DDR geraubten Geldes kann nur durch ein Verbot dieser Partei erwirkt werden.

Weiterhin mußten die SED-Genossen aus der Kirche austreten und jegliche Beziehung zu Westverwandten abbrechen. Andere Informationsquellen zu nutzen, außer denen der SED (Parteiorgane), war streng verboten. Die Befehle der Parteispitze (Linie des Politbüros) waren aus-

zuführen. Sie wurde in einem ausgeklügelten **Schulungssystem** vermittelt (Parteiversammlungen, Parteilehrjahr, Kreis- und Bezirksparteischule bzw. Parteihochschule). Die Teilnahme an diesen Schulungen war Pflicht. Unentschuldigtes Fehlen sowie abweichende Meinungen führten zu einem Verhör bei der **Partei-Kontrollkommission** (PKK). Die Strafe war Entlassung aus dem Amt und die Verurteilung zu schwerer körperlicher Arbeit (»Bewährung in der Produktion«).
Die SED hatte 2,6 Millionen Mitglieder. Rechnet man die abhängigen Familienangehörigen dazu, hatte die SED also etwa die **Hälfte der DDR-Bevölkerung fest im Griff**. Der Rest wurde in den Massenorganisationen ideologisch beeinflußt.

Junge Pioniere bzw. Thälmann-Pioniere

Nach sowjetrussischem Vorbild (Lenin-Pioniere) wurde die Kinderorganisation »Thälmann-Pioniere« gegründet. Ernst Thälmann war in den zwanziger Jahren durch einen Putsch innerhalb der KPD, dessen Drahtzieher in Moskau saßen, an die Macht gekommen und deren Führer geworden. Deshalb wurde er von den Nazis zum Tode verurteilt. Als Kommunisten-Führer war er den Sowjetrussen sklavisch ergeben, was sich sowohl in seiner zügellosen Trunksucht, als auch in seiner äußeren Erscheinung ausdrückte. (Man betrachte nur den Kopf des späteren sowjetrussischen Führers Chruschtschow!) Nach seinem Bild sollten **alle Kinder** in der Sowjetzone geformt werden. Automatisch mit Schulbeginn waren sie Mitglieder in diesem Zwangsverband. Russisch war die einzige Fremdsprache, für alle Pflicht. Einheitskleidung, Fahnenappelle, Versammlungen, politische Schulungen, Disziplinarstrafen, Gruß- und Ergebenheitsbotschaften an die SED, paramilitärische Übungen (»Manöver Schneeflocke«) dienten der Disziplinierung und Vorbereitung für spätere politische Organisationen.

Freie Deutsche Jugend (FDJ)

Wie bei den Nazis waren alle Jugendorganisationen aufgelöst und verboten worden.
Nach dem Kriege gab sich die FDJ zunächst liberal. In der Spitze (Zentralrat) waren sogar Vertreter der Kirchen. In den ersten FDJ-Liederbüchern standen auch Lieder mit christlich-religiösem Inhalt. Später wurden **Andersdenkende ausgeschlossen, verhaftet und eingesperrt**.
Wie wichtig der SED ihr Einfluß auf die Jugend war, zeigt, daß der Jugendchef Honecker in der SED-Spitze saß. Die FDJ war für die SED die »**Kaderreserve**«. Aus ihr kamen die Führungen der Armee, der Stasi und der SED.

Hauptziel der FDJ war die Disziplinierung der Jugend. Die Mittel waren unbezahlte Arbeitseinsätze (Subbotniks), Politschulungen, Versammlungen und Massentreffen.
Solche politischen Massenaufmärsche waren geschickt organisiert. Dabei scheuten die kommunistischen Führungskader nicht davor zurück, eine verwerfliche Tradition aus der Zeit nach der Oktoberrevolution in Rußland fortzusetzen: Sie leisteten einer zügellosen Promiskuität zwischen weiblichen und männlichen Mitgliedern der FDJ Vorschub. Auch bei Massenveranstaltungen mit Ausländern, den sogenannten Bruderorganisationen aus den anderen kommunistischen Staaten, bei den »Weltjugendfestivals«, stand dieser Aspekt im Vordergrund. Absicht war, von vornherein das Enstehen und natürliche Wachsen einer anständigen Familie zu verhindern. Die Folge davon war, daß die meisten Ehen in der ehemaligen DDR nur wenige Jahre Bestand hatten. Dadurch wurde dem Staat ein direkter Zugriff auf die Kinder erleichtert. Von der Jugend selbst wurden diese politischen Massentreffen in der ihr eigenen vulgären Diktion als »ABBA-Treffen« bezeichnet. (ABBA: Anreisen, Brüllen, Bumsen, Abreisen)

Gesellschaft für Sport und Technik (GST)

Mit Sport und Technik kann man Jugendliche immer anlocken. In der GST erhielten sie eine **militärische Ausbildung** und danach als Lohn kostenlose Auslandsreisen, einen Auto-Führerschein, ein Seefahrt-Patent oder, wenn sie keine Westverwandtschaft hatten und in der SED waren, einen Flugschein. Geleitet wurde die GST von Stasi- und Armeeoffizieren. Alle Sparten enthielten ein regelmäßiges Schießtraining. Die GST-Mitglieder wurden später Stasi- oder Armeeoffiziere. Nach der Wiedervereinigung verstanden es viele ehemalige GST-Offiziere, sich die wertvollen Immobilien und Gerätschaften von der Treuhand zu ergaunern und unter dem Deckmantel bürgerlicher Sportvereine ihre alten Seilschaften weiter zu pflegen.

Freier Deutscher Gewerkschaftsbund (FDGB)

Die Gewerkschaft war weder eine solche, noch frei oder deutsch. Sie war, nach russischen Vorbild, ein Teil der SED. Die Vorsitzenden wurden von ihr bestimmt und waren Mitglieder in den jeweiligen SED-Führungsgremien. Aufgabe der Gewerkschaft war, die **Erfüllung und Übererfüllung** der von der SED vorgegebenen **Pläne** zu sichern. Eine Interessenvertretung der Arbeitnehmer war sie nicht, im Gegenteil. Die Arbeitsnormen wurden ständig angehoben, es mußte immer mehr gearbeitet werden ohne zusätzliche Entlohnung.

Da es keine Reisefreiheit gab, mußten die Arbeitnehmer im Lande bleiben. Die Gewerkschaft hatte in der Urlaubssaison alle Hotels und Privatunterkünfte zwangsangemietet. Dadurch konnte sie bestimmen, wer wo Urlaub machte. Bei der Verteilung von **Urlaubsplätzen** wurden niedere **SED-Genossen** bevorzugt. Die **hohen** SED-Genossen waren auf diese primitiven Unterkünfte nicht angewiesen. Sie verbrachten ihren Urlaub entweder im westlichen Ausland oder in streng abgeschirmten und mit Stacheldraht abgezäunten luxuriös ausgestatteten SED-eigenen Ferienhäusern in den schönsten Gegenden der ehemaligen DDR.
Solche SED-Ferienhäuser existieren teilweise noch heute und werden von der SED/PDS ihren Funktionären kostenlos zur Verfügung gestellt.

Deutscher Sport- und Turnbund (DSTB)

Ebenfalls nach sowjetrussischen Vorbild wurden alle Sportvereine verboten und im DSTB zusammengefaßt.
Die Trainer kamen aus Sowjetrußland. Ziel des DSTB war die **Heranzüchtung** von Hochleistungs-Maschinen, einer **Sportelite**. Diese sollte durch den Gewinn von Medaillen ein internationales Ansehen der SED-Funktionäre bewirken. Wichtig war nur der ersten Platz, die Goldmedaille, damit die **DDR-Staatshymne** erklingen und die **DDR-Fahne** gehißt werden konnte. Die Sporterfolge wurden durch Zwangsmaßnahmen erreicht. Sportfunktionäre suchten in den staatlichen Kitas mit Waage und Bandmaß geeigneten Kinder heraus. Die Eltern wurden nicht gefragt. Durch Privilegien wie Westreisen, Autos und Wohnungen wurden die Sportler gezwungen, Sondernahrung und **Medikamente** einzunehmen **(Doping)**. Diese Sportlerinnen und Sportler leiden noch heute an schweren gesundheitliche Schäden.

Kulturbund

In den Kulturbund preßte man alle, die in keine andere Organisation paßten. Es waren Sammler von Bierdeckeln und Schmetterlingen, Heimatgeschichtsfreunde sowie Rezitations- und Theatergruppen. Dadurch hatte man auch sie **politisch im Griff**.

Deutsch-sowjetischer Freundschaftsbund (DSF)

Im DSF war jeder Ostdeutsche automatisch, ohne sich dagegen wehren zu können. Die Beiträge wurden am Lohntag einbehalten. Niemand durfte sich darüber beschweren. **Kritik** wäre als **Feindschaft zur Sowjetunion** ausgelegt worden und hätte schwere unangenehme Folgen gehabt. Mit der Pflege wahrer Völkerverständigung hatte dieser

Zwangsverband natürlich überhaupt nichts zu tun, im Gegenteil. Nach der Wende entlud sich diese verordnete »Bruderliebe« in einem außerordentlichen, jedoch verständlichen Russenhaß.

Witzbeispiele aus der ehemaligen DDR, die das wahre Verhältnis zur russischen Besatzungsmacht offenbaren:

1. Chruschtschow war mit seiner Frau in der DDR. Sie waren mit einem Auto, einer Staatskarosse, gekommen. Auf der Rückfahrt über Polen jubelten und winkten ihm die Menschen zu. Er winkte aus dem verhangenen Auto zurück. Nach einer Weile sagte er zu seiner Frau: »Wir sind wieder zu Hause. Warum? Meine Armbanduhr ist weg.«

2. Zwei alte Georgier, Schulfreunde, treffen sich wieder nach sechzig Jahren. Ein Reporter fragt den einen, woran er seinen Freund nach so langer Zeit wiedererkannt hätte. Am Mantel, sagte er.

3. Im Kindergarten heißt das Thema »Die Sowjetmenschen, unsere Freunde«. Die Kinder sollen das zu Hause mit den Eltern besprechen. Am nächsten Tag sagt Klein-Erna: »Die Sowjetmenschen sind unsere Freunde. Sie haben uns die Bilder zurückgegeben, die uns 1945 die Russen geklaut haben.«

4. Der Elefant droht auszusterben. Die UNO beauftragt die USA, die Sowjetunion und die DDR, Vorschläge zu seiner Rettung zu machen. Nach einem halben Jahr liegt das Gutachten der USA vor, ein dickes Buch. Nach zwei Jahren kommt der Bericht der Sowjetunion, drei dicke Bücher: 1. Der Elefant vor der großen Sozialistischen Oktoberrevolution. 2. Lenin und der Elefant. 3. Der Anteil des Elefanten beim Aufbau des Kommunismus.
Nach drei Jahre erscheint der DDR-Beitrag, vier dicke Bücher. Buch eins bis drei übersetzt aus dem Russischen, Band vier: »Der Elefant, ein Freund der Sowjetunion«.

Methodisch-didaktisches Spiel (mit Bewertung)

☛ In diesem Spiel geht es um das wichtigste Zauberwort, das »Sesam öffne dich« in der ehemaligen DDR. Es geht um unser Geld, welches in der ehemaligen DDR »Westgeld« oder »harte Devisen« genannt wurde. (»Weiche Devisen« hieß dagegen das Geld aus dem Ostblock.) Mit Westgeld konnte man in den »Intershops« und »Genex-Läden« westliche Waren einkaufen. Mit ihm bekam man in der ehemaligen DDR alles, was man nur wollte. Die SED-Bonzen, d.h. der **eine Teil** Ihrer Schüler, konnten sich bekanntlich bei ihren parteieigenen Banken bedienen und über jeden DM-Betrag frei verfügen. Das einfache Volk aber kam an kein Westgeld heran. Ebenso erging es den unteren SED-Genossen, d.h. **dem anderen Teil** Ihren Umschüler. Es sei denn, sie hatten großzügige Verwandte im Westen. Der Besitz dieses Geldes aber war für die einfachen Parteigenossen **verboten**, signalisierte er doch intakte Beziehungen zur Westverwandtschaft, d.h. unerlaubte Beziehungen zum »Klassenfeind«. Sie mußten den Besitz von Westgeld deshalb sowohl ihren Parteioberen als auch der Stasi melden. Danach wurde von der Stasi geprüft, ob die Westverwandten als Spione angeworben werden konnte. War das nicht der Fall, mußten die Beziehungen abgebrochen werden, und das Westgeld war abzuliefern. Waren die Verwandten jedoch bereit, für viel Geld sich zu so einer widerlich schmutzigen Tätigkeit herzugeben, mußte der einfache Parteigenosse diese Beziehung aktivieren, die Verwandten zu sich einladen und einen Treff mit der Stasi arrangieren. Das Westgeld durfte er behalten. Mehr noch, er bekam, wenn die Anwerbung geglückt war, eine Prämie (dreißig »Silberlinge«) in Westgeld. Wenn er damit im Intershop einkaufen ging, sah er die herrlichen Waren und das große Angebot. Er wurde neidisch und fragte sich, warum in seinen Läden (HO oder Konsum) nur Schund stand. Das fragten sich natürlich auch die einfachen Leute, die mit ihren paar Westgroschen dort herumstanden. Sie wußten, wer daran Schuld war: die SED. Deshalb mußte der einfache Parteigenosse sein Parteiabzeichen vorher entfernen, wenn er in den Intershop ging. Durch das Westgeld entwickelte sich so bei den unteren SED-Genossen eine **Haßliebe** zur Bundesrepublik. Sie sahen, daß ihre Führer in Spezialgeschäften ungehindert an die begehrten Waren des »Klassenfeindes« herankamen, ihnen selbst aber war es verboten. Soviel zu Ihrer eigenen Information.

Dieses Spiel ist mehr eine didaktisch-praktische Übung. Erreicht werden soll, daß die **einen** Umschüler an ihre damalige Schizophrenie, »Parteidisziplin« genannt, und die **anderen** an ihre Unehrlichkeit und Doppelzüngigkeit **erinnert** werden. Geprüft wird nur die Gruppe der hohen Parteibonzen. Wir wollen ihre **heutige** Ehrlichkeit erforschen, denn sie sind es ja, die Ihre Aufgabe als Kursleiter später übernehmen sollen. Die einfachen Parteigenossen bekommen automatisch 30 Punkte gutgeschrieben. ☚

Nun zur Übung: Ihr Kurs wird in zwei Gruppen geteilt. Die eine Gruppe besteht aus ehemaligen hohen Parteibonzen, die andere aus den einfa-

chen Parteigenossen. Jeder Bonze nimmt sich einen einfachen Genossen und bildet ein Übungspaar.
Der einfache Parteigenosse berichtet, er habe 50 DM von seinem Bruder aus Hamburg geschickt bekommen. Welchen Rat gibt der Bonze, der »SED-Parteisekretär«? Diskutieren Sie am Ende des Spiels, warum sich Ihre Umschüler damals so verhalten haben und warum für welche Antwort welche Punkte zählen.

	Punkte
1. Er erhielt das Geld im Jahre **1949**. Was hätte der hohe Parteisekretär damals geraten?	
a) Es der Stasi zu melden und abzugeben	10
b) Es zu verschweigen und zu verstecken	0
c) Dem Bruder zu schreiben, er soll das sein lassen	5
2. Er erhielt das Geld im Jahre **1969**. Der Rat lautete,	
a) es der Stasi zu melden und abzugeben	10
b) es zu verschweigen und zu verstecken	0
c) im Intershop einzukaufen, aber das SED-Abzeichen vorher abzumachen	5
3. Er erhielt das Geld im Jahre **1989**. Nun lautete der Rat,	
a) es der Stasi zu melden melden und abzugeben	0
b) im Intershop mit Abzeichen einzukaufen	5
c) es zu behalten und auf die Wiedervereinigung zu warten	10

Die erzielten Punkte werden denen aus dem Fragebogen zugeschlagen und in der Auswertung berücksichtigt.

Fragebogen zum Thema 2

	Punkte
1. Die nach dem Krieg verlorenen deutschen Gebiete sind	
a) Pommern, Sachsen, Thüringen	5
b) Baltikum, Schlesien, Sudetenland	10
c) Frankreich, England, Dänemark	0
2. Die meisten Deutschen waren während der Nazizeit	
a) Kriegsverbrecher	0
b) Widerstandskämpfer	5
c) Gezwungene NSDAP-Mitglieder und gedankenlose Mitläufer	10
3. Was war die »Befreiung« am 8. Mai 1945?	
a) eine Lüge, sie brachte keine Freiheit	5
b) Wahrheit, sie brachte die Befreiung vom Totalitarismus	0
c) Wahrheit, die Ostdeutschen wurden befreit von Hab und Gut	10
4. Ein ehemaliger DDR-Journalist ist	
a) unfähig zu objektiver Berichterstattung	5
b) fähig nach Umschulung	10
c) sehr fähig, weil sich nichts änderte	0
5. Die Mitglieder der sogenannten Blockparteien waren/sind	
a) wahrhafte Demokraten	5
b) Steigbügelhalter der SED	0
c) lernfähige Demokraten	10
6. Die Befehle der SED-Spitze (Linie) waren	
a) Vorschläge	0
b) für jeden absolut bindend	10
c) Meinungen, die oft geändert, also immer gelernt werden mußten	5
7. Wie hieß dei DDR-Kinderzwangvereinigung	
a) Robin Hood	0
b) Timur und sein Trupp	5
c) Thälmann-Pioniere	10
8. Der DDR-Sport wurde getrieben wegen	
a) Spaß und Körperertüchtigung	0
b) um den Krankenstand in den Betrieben zu senken	5
c) um Medaillen für die SED zu gewinnen	10

Auswertung (einschließlich methodisch-didaktisches Spiel):
Höchstpunktzahl 110: ausgezeichnet; 100–105 Punkte: sehr gut; 90–95 Punkte: gut; 80–85 Punkte: ausreichend; unter 80 Punkte: ungenügend.

Thema 3
Falsche Propheten
Marx, Engels und Lenin

Methodisch-didaktische Hinweise für die Damen und Herren Kursleiter

☛ Dieses Kapitel verlangt von Ihnen einige Vorbereitung. Viele Umschüler haben in ihren Bücherregalen noch die meterlangen Schriften dieser drei falschen Propheten zu stehen. Sicher hat nicht jeder der Umschüler von denen alles gelesen, aber in den politischen Schulungen haben sie doch so viele Zitate aus den Büchern jener Propheten gehört, daß wahrscheinlich die Titel einiger Werke hängen geblieben sind.
Es wäre deshalb gut, wenn Sie sich vor Beginn dieser Lektion einmal in einer Bibliothek in den neuen Ländern diese Bücherreihen anschauen würden. Sollten Sie keine Gelegenheit dazu haben, hier ein Hinweis: Die Schriften von Marx und Engels sind gemeinsam gedruckt und dunkelblau gebunden, die Bücher von Lenin dagegen sind braun. Sie sind in Kunstleder eingebunden und teilweise mit Goldschrift verziert.
Zusätzliches Vertrauen gewinnen Sie bei Ihren Umschülern, wenn Sie nicht nur die Titel einiger Werke in Ihren Vortrag einfließen lassen, etwa in der Art: Wie Marx im »Kapital« behauptet ..., oder so schreibt Engels in seiner »Dialektik der Natur«, oder ... hat sich schon Lenin in seiner Schrift »Was tun« geirrt, sondern wenn Sie Ihre Zitate, die ja nicht unbedingt stimmen müssen – aber könnten – mit genauen Seitenangaben versehen. Formulieren Sie beispielsweise etwa so: »Lenin behauptet in seiner Schrift Materialismus und Empiriokritizismus, Werke Band 14, Seite 38 unten: ... dagegen aber zwei Absätze weiter, auf der Seite 39 oben: ...« Das erweckt den Eindruck, Sie hätten dieses Zeug tatsächlich gelesen. Selbstverständlich müssen Sie sich nicht wirklich dieser ekelerregenden, zeitraubenden und sinnlosen Aufgabe unterziehen. Das in diesem Material Angegebene reicht durchaus für unsere Umschulung aus.
Übrigens haben die Marxismus-Lehrer Ihrer Umschüler seinerzeit auch nicht diesen meterlangen Schund gelesen, sondern sich auch nur auf ihre Lehrhefte beschränkt.
Wie tief aber der Glaube an diese drei falschen Propheten auch beim einfachen Volk noch sitzt, zeigt folgende Tatsache: In der ehemaligen DDR mußten viele Straßen und Plätze nach Marx, Engels und Lenin benannt werden. Auch deren Apostel, wie Luxemburg, Liebknecht,

Mehring, Bebel, ja sogar Thälmann, Pieck und Ulbricht bekamen Straßen, Plätze und Sportstätten zugewiesen. Nach der Wende, sollte man meinen, hätte dieser Spuk aufgehört. Aber leider ist dem nicht so. Es gibt nur ganz wenige Beispiele, wo das geschah. So wurde Karl-Marx-Stadt wieder in Zwickau zurückbenannt, der Leninplatz in Ostberlin wurde, nachdem der häßliche russische Betonklotz von Lenin-Statue entfernt worden war, zum Platz der Vereinten Nationen und die Pieck-Straße wieder zur Danziger Straße. Aber selbst in Berlin, das ja unsere Hauptstadt werden will, geht die Umbenennung nur halbherzig vor sich. Dort gibt es noch eine »Karl-Marx-Allee«, in der man sich angesichts der verkitschten russischen Großblöcke in Moskau wähnt. Aber statt sie abzureißen, wurden sie sogar noch unter Denkmalschutz(!) gestellt.

Schuld daran ist der hohe Anteil der SED/PDS-Wähler in Ostberlin. In der früheren Hauptstadt der ehemaligen DDR wohnen noch viele frühere Parteibonzen, hohe Staatsdiener und Stasi-Offiziere, die sich gegen eine Umbenennung wehren. Sie führen, allerdings zu Recht, an, daß es in Westberlin auch noch eine Karl-Marx-Straße (in Neukölln) und einen Mehringdamm (in Kreuzberg) gebe. Dem ist leider tatsächlich noch so, und auch der viele Jahre lang schon christlich geführte Senat hat es bisher versäumt, unter diese roten Vergangenheit Berlins einen Schlußstrich zu ziehen. Man kann deshalb die Bundesregierung verstehen, wenn sie ihren Umzug in dieses Berlin noch nicht in überstürzter Hast vorgenommen hat.

Zu Ostdeutschland: Selbst wenn Sie heute durch kleinere Ortschaften im Osten fahren, werden Sie bemerken, daß viele Straßenschilder noch die Namen von Marx, Luxemburg oder Thälmann tragen. Erkundigt oder beschwert man sich darüber, wird einem geantwortet, eine Umbenennung sei zu teuer. Wie das? Was wurde denn mit den Abermilliarden Steuergeldern des »Aufschwung Ost« gemacht?

Waren sie nicht zuallererst für eine solche Bereinigung der Vergangenheit gedacht? Die Kosten für eine Umbenennung sind also nur eine Ausrede. Dahinter steckt oft nichts anderes als Trotz, Verstocktheit und der verderbliche Einfluß der alten Seilschaften.

Doch zurück zu den drei falschen Propheten: Wir wollen uns in dieser Lektion auf diejenigen Aussagen der drei Propheten konzentrieren, in denen sie sich zur Religion geäußert haben. Diese Verunglimpfungen waren ja das geistige Rüstzeug, mit dem die kommunistischen Funktionäre in ihren brutalen barbarischen Kampf gegen Religion und Kirche zogen. Methodisch wichtig ist, die drei Propheten einzeln abzuhandeln, um so deren Widersprüchlichkeit den Umschülern deutlich zu machen. Legen Sie den Schwerpunkt dieser Lektion aber auf die Biographien dieser drei Scheinheiligen. Die zeigen sinnfällig den Widerspruch zwischen ihren süßen altruistischen Parolen, mit denen andere eingewickelt werden sollten, und ihren eigenen privaten egoistischen Lebensauffassungen.

Marx, Karl Heinrich

a) Zur Person

1818 in Trier geboren als Sohn eines **jüdischen Advokaten**. Er studierte in Bonn und Berlin Jura. Marxens erste philosophisch-historische Arbeiten zeigen eine gewisse Originalität, so seine Promotionsarbeit über die Unterschiede der altgriechischen Philosophen Epikur und Demokrit. Trotzdem reichten seine Fähigkeiten nicht für eine **akademische Laufbahn**. Er wurde Journalist der »Rhein-Zeitung«. Hier stieß er zufällig bei Recherchen vor Ort auf die Probleme der Arbeiterschaft, die er danach in einigen Artikeln beschrieb. Ihr damals relativ niedriger Lebensstandard erregte sein Mitleid und war ihm Anlaß, sich mit allgemeinen politischen Fragen zu beschäftigen. Die Einseitigkeit seiner Darstellungen aber veranlaßte die preußische Regierung, diese »Rhein-Zeitung« zu verbieten. In der Folgezeit schlugen alle seine Versuche, eine feste Anstellung zu bekommen, fehl. So übersiedelte Marx mit seiner Frau, einer verarmten Adligen aus Westphalen, nach Paris.

Hier versuchte er, sich den Lebensunterhalt für seine inzwischen vielköpfige Familie als freiberuflicher Journalist zu verschaffen. Das gelang ihm sehr schlecht, Schmalhans war bei Marxens zu Hause Küchenmeister. So geriet er immer mehr, auch unter dem Einfluß der verarmten deutschen Exil-Schriftsteller **Herwig und Heine**, in den Strudel kommunistischer Irrlehren und entwickelte selbst in der Folgezeit seine ersten atheistisch-kommunistischen Theorien.

In Paris lernte er auch **Friedrich Engels** kennen. Mit ihm verfaßte er 1848 eine Art utopisches Parteiprogrammm, das »Kommunisten-Manifest«. Im Schatten der damaligen Unruhen kehrte er in der Hoffnung auf eine feste Anstellung und einen gesicherten Lebensunterhalt für seine Familie nach Deutschland zurück. Ein Jahr später, nach dem Scheitern des Putsches und nachdem sich seine Hoffnungen als trügerisch erwiesen hatten, in Deutschland wieder festen Fuß zu fassen, ging er wieder nach Paris. Zunehmende wirtschaftliche Not sowie die Tatsache, daß immer weniger Zeitschriften und Verlage sich für seine Schreibereien interessierten, zwangen ihn, das Angebot seines begüterten Freundes Engels anzunehmen und mit seiner inzwischen zwölfköpfigen

Familie nach **London** zu übersiedeln. Hier lebte er bis zu seinem Tode im Jahre 1882.
Als Marxens Hauptwerk gilt »Das Kapital«. Es umfaßt drei dicke Bücher. Ihr Wert besteht darin, mit einem anerkennenswerten Fleiß die Lehren der englischen Ökonomen der damaligen Zeit zusammengeschrieben zu haben. Dadurch enstand eine Schilderung der wirtschaftlichen Situation des 19. Jahrhunderts, die heute für einige **Wirtschaftshistoriker** nicht ohne ein gewisses Interesse ist.

b) Seine Haltung zu Religion und Kirche

Marx behauptete in seiner Einleitung zur Hegelschen Rechtsphilosophie (Werke Band 37, Seite 184), Religion sei **Opium für das Volk**. Was ist Opium? Opium ist ein Rauschmittel, das den Menschen nach seiner Einnahme in eine Ekstase, einen Trancezustand versetzt. Er, der Mensch, ist danach der Wirklichkeit entrückt und willenlos geworden. Andere können machen mit ihm, was sie wollen. Der Opiumsüchtige empfindet seine Misere aber nicht …
Und das soll Religion sein? Genau das **Gegenteil** ist sie! Erst durch die Religion begreift der Mensch sein **wahres Wesen**, erst durch sie erkennt er seinen von Gott gegebenen Auftrag, sich die Erde untertan zu machen. Nur ein religiöser Mensch besitzt einen **starken Willen**, der ihn das irdische Jammertal bewußt durchleben läßt. Trance, Ekstase und überirdische Seelenzustände, das weiß der religiöse Mensch, werden ihm erst nach seinem Tode zuteil werden, wenn er nach einem gottgefälligen Leben in die ewige Seligkeit eingehen wird.
Marx hatte also überhaupt keine Ahnung von wahrer Religiosität, von tatsächlicher Religion. Das ist ja auch kein Wunder, denn in einer jüdisch-atheistischen Familie aufgewachsen, hatte er erst viel später von irgendwelchen Sekten und Schwarmgeistern gelesen, die er mit unserer christlichen Religion verwechselte.
Die Kommunisten deuteten Marxens Ausspruch zur Religion dahingehend, daß die verantwortlichen Hüter der Religion, also die christlichen Priester und Bischöfe, angeblich das dumme und unwissende Volk durch die Religion verführten. Sie würden das Volk auf das Leben im Jenseits vertrösten, sie ermuntern, ihr gesamtes Hab und Gut der Kirche zu schenken, um sich selbst im Diesseits ein Leben in Saus und Braus zu gönnen. »Sie predigen öffentlich Wasser und trinken heimlich Wein«, sagte einmal der kommunistische Autor Heine. So wenig das damals stimmte, so entspricht es heute schon gar nicht den Tatsachen. Auch hier ist natürlich wieder das Gegenteil wahr. In der Vergangenheit war es ja vor allem die Kirche – ihre Priester, Bischöfe, Nonnen und

Mönche –, die durch ihren Fleiß und ihre Enthaltsamkeit die abendländische Zivilisation erst ermöglichten! Und wenn wir an heute denken, den Hunger in der Dritten Welt beispielsweise, wer hilft da? Sind es nicht an erster Stelle die aufopferungsvollen Christen mit ihren gigantischen kirchlichen Spendenaktionen wie »Brot für die Welt« oder das noch wirkungsvollere Werk »Misereor« der römisch-katholischen Kirche, wo Millionen und Abermillionen zusammenkommen?
So werden auch heute diese kommunistischen Behauptungen Lügen gestraft. Wenn es irgendein Opium gab, das die Menschen verführte und willenlos machte, dann war es die kommunistisch-marxistische Irrlehre. Sie vertröstet die Menschen auf später, auf den Kommunismus, damit dessen Funktionäre heute schon ein Leben in Wohlstand und Luxus führen können. Aber das Volk ist nicht, wie Marx es behauptete, dumm und unwissend. Es durchschaute dieses niederträchtige Spiel und machte Schluß mit dem Kommunismus!

Engels, Friedrich

a) Zur Person

Es gab bereits viele Kommunisten, die feststellten, daß **Engels den Marx verflacht** habe, obwohl es da wenig zu verflachen gab. Seine Arbeiten, die ihn allein als Verfasser ausweisen, belegen eine eklatante Abwesenheit von Intelligenz. Sie strotzen vor Primitivität. In ihnen läßt er sich über **militärhistorische Fragen** aus, so in einer Schrift über die Bauernaufstände im 16. Jahrhundert. Dazu kommen naturphilosophische Versuche wie in der Schrift »Dialektik der Natur«. In seinem Machwerk »Der Anteil der Arbeit an der Menschwerdung des Affen« kommt sein widerwärtiger primitiver **Atheismus** deutlich zum Ausdruck.
Engels blieb natürlich weit hinter den Erkenntnissen der Naturwissenschaftler und Historiker seiner Zeit zurück. Es war ihm nicht vergönnt, sie zu verstehen. Seine laienhaften Thesen hinterließen in der seriösen Wissenschaft **keinerlei Spuren**. Umso tragischer ist es, daß er in der kommunistischen Ära sowohl als Naturphilosoph als auch als Historiker eine fast göttliche Verehrung genoß. Es durfte keine naturwissenschaftliche oder historische Arbeit erscheinen, in der nicht von Engels ausgegangen wurde, in der er nicht seitenlang zitiert werden mußte. Anderenfalls wurden solche Arbeiten überhaupt nicht zugelassen, erst recht nicht gedruckt. So ist es kein Wunder, daß die gesamte kommunistische Natur- und Geschichtswisenschaft eine Luftblase ist, die nach der Wende verschämt zerplatzte.

Die verheerenden Folgen für die Wissenschaftler der ehemaligen DDR, die über Nacht fast alle arbeitslos wurden und ihre Lehrstühle an den sogenannten Akademien oder an den Universitäten räumen mußten, sind zwar menschlich zu bedauern, aber verständlich. Trotz aller Umschulungen werden sie in ihrem Leben nicht mehr den Anschluß an die seriöse Wissenschaft schaffen.

Engels wurde 1820 in Barnim, einem damaligen Vorort von Düsseldorf, geboren. Sein Vater war ein gutsituierter Textilunternehmer, dessen Großbetriebe über halb Europa verstreut lagen.

Der Gymnasiast Engels hatte wegen seiner mangelnden Intelligenz und seiner Faulheit schlechte schulische Leistungen. Er mußte das Gymnasium abbrechen und nahm stattdessen eine Lehre als Kaufmann auf. Da er die dort geforderten Grundrechenarten wohl beherrschte, schloß er diese Lehre ab und führte seit 1842 in London die Unternehmen seines Vaters.

In England beschäftigte er sich nebenbei mit den sozialistisch-kommunistischen Ideen von Karl Marx und holte ihn aus seinem Pariser Elend, um sich von ihm bei seinen eigenen beabsichtigten Arbeiten helfen zu lassen. Wie anderen utopischen Sozialisten und kommunistischen Wirrköpfen vor ihm lag es ihm natürlich fern, diese Ideen in seinen eigenen Betrieben anzuwenden oder gar durchzusetzen. Im Gegenteil, seine Schilderungen der armen Arbeiterschaft hinderten ihn nicht, auf deren Kosten ein standesgemäßes **Luxusleben** als Junggeselle mit zahlreicher Dienerschaft und vielen Liebschaften zu führen. Die Doppelmoral vieler kommunistischer Führer tritt bei Engels am deutlichsten ans Tageslicht. In einer Schrift beklagt er beispielsweise einerseits den Zustand der Arbeitnehmerinnen allgemein in England, der viele von ihnen zur Prostitution zwang, und andererseits besuchte er gemeinsam regelmäßig mit seinem Freund Marx jene dubiosen Häuser, in denen die von ihm beklagten Frauen tätig waren.

b) Seine Haltung zu Religion und Kirche

Engels behauptet in seiner Schrift »Der Anteil der Arbeit an der Menschwerdung des Affen« (Marx/Engels Werke Band 37, Seite 24 bis 32), daß der Mensch vom Affen abstamme.

Er beruft sich dabei auf den englischen Lord und Weltreisenden Charles Darwin, von dem er diese Behauptung lediglich abgeschrieben hatte. Diese Affentheorie griff später auch in Deutschland um sich, und der Jenenser Zoologe Ernst Haeckel machte daraus sogar eine sogenannte Abstammungslehre. Was ist zu diesem Unsinn zu sagen? Man könnte diese Frage ja ironisch beantworten, indem man zugibt, daß der

Mensch vom Affen abstamme, denn bei einigen Menschen merkt man das noch heute sehr deutlich.
Aber im Ernst: Die Kommunisten griffen diese irrige Theorie auf, weil sie ihnen bei der Verwirklichung ihrer menschenverachtenden Diktatur sehr gelegen kam. Demnach ist ja der Mensch nichts besonderes, er ist ein weiterentwickelter Affe. Er ist nichts anderes als ein Teil des Tierreiches. Und wie mit Tieren, so kann man auch mit den Menschen umgehen. Man kann sie in Massenställen halten, mit einem Stacheldrahtzaun drumherum, man kann sie vor einen Wagen spannen und sie mit der Peitsche antreiben. Man kann sie sich fortpflanzen lassen, um genügend viel Arbeitstiere zu erhalten oder, wenn man genug davon hat, ihre Fortpflanzung unterbinden, also auch werdendes menschliches Leben töten, d. h. abtreiben!
Nichts anderes haben doch die Kommunisten in ihrem Machtbereich mit den Menschen gemacht!
Was sagt nun die Kirche in dieser Frage?
Selbstverständlich glaubt heute kein vernünftiger Christ, daß Gottvater bei der Erschaffung der Welt aus einem Tonklumpen den Adam erschuf und ihm anschließend eine unsterbliche Seele eingehaucht hat. Die Schöpfungsgeschichte aus der Heiligen Schrift ist ein Bild, das es heute zu entschlüsseln gilt. Für die damaligen Vorstellungen der alten Juden war das nur durch solch ein plastisches Bild begreiflich zu machen, daß der **Mensch ein Werk Gottes** ist.
Heute aber wissen wir, daß die Schöpfungsgeschichte nach Naturgesetzen verläuft, verteilt über Milliarden von Jahren. Diese Gesetze aber, die eine abermilliardenfache Vielfalt des Lebens hervorbringen, welches nach einem Plan, einem Sinn und in ganz bestimmter Ordnung verläuft, diese Gesetze sind nicht das Produkt irgendeines Zufalls, wie die Kommunisten glauben, sondern Gottes Werk, nach seinem Plan und Willen.
Es ist das großartige Verdienst solcher hervorragender Männer wie beispielsweise des französischen Gelehrten, Anthropologen und Jesuitenpaters **Teilhard de Chardin**, Licht in das Dunkel der Geheimnisse dieser Schöpfungsgeschichte gebracht zu haben. Durch sie wissen wir, daß auch der Mensch aus seiner natürlichen Umwelt heraus entwickelt worden ist, nichts anderes aber sagt ja auch schon die Bibel. Adam ist ein hebräisches Wort und bedeutet soviel wie »aus Erdenschlamm erschaffen«. Der Mensch ist ein Teil, der wichtigste Teil, die Krönung der natürlichen Schöpfung. Aber an irgendeinem Punkt der Entwicklung, wann und wie genau das war, wird wohl nie mehr herauszufinden sein, erfüllte sich an diesem Wesen Gottes Wille, sein Ebenbild zu sein. Und

es erfüllte sich Sein Wort: »**Seid fruchtbar und mehret euch und füllet die Erde und machet sie euch untertan, und herrschet über die Fische im Meer und die Vögel des Himmels, über das Vieh und alle Tiere, die auf der Erde sich regen!**« (Mos.1, 26)

Lenin, Wladimir Iljitsch

a) Zur Person

Der Führer des Sowjet-Kommunismus wurde 1870 in Sibirien, im russischen Sibirsk, als W. I. Uljanow geboren. Sein älterer Bruder hatte sich im Jahre 1887 als Matrose des Kriegsschiffes Aurora an einem hinterhältigen Bombenattentat auf den Zaren beteiligt. Wegen seiner Hinrichtung entwickelte Uljanow-Lenin einen **unbändigen Haß** auf die zaristische Regierung. Zunächst verstand er es geschickt, diesen Haß zu verbergen. Er besuchte ein kirchliches Gymnasium und erhielt dort eine solide Grundausbildung. Seine Eltern konnten es ihm danach mit viel Mühe finanziell ermöglichen, aus der rauhen Heimat Sibirien in die russische Hauptstadt zu ziehen.

In St. Petersburg studierte er Jura, um sich durch dieses Studium in die oberen Gesellschaftsschichten einzuschleichen. Nebenbei las er heimlich in illegalen Zirkeln kommunistische Schriften von Marx und Engels, um als Jurist später die politischen Delinquenten besser kennen und verurteilen zu können. Unter seinen Mitstudenten war sein illegales »Nebenstudium« bekannt geworden. Es wurde den Behörden gemeldet. Da ihm deshalb nach seinem Studium eine Karriere in der juristischen Beamtenlaufbahn verwehrt wurde, gründete er – hier kam sein alter Haß auf den Staat wieder zutage – mit anderen im Jahre 1903 die Partei der Bolschewisten, deren Sprachrohr die Zeitschrift »IKARUS« wurde. Ziel dieser illegalen **Partei der Bolschewisten** war der gewaltsame militärische Sturz der staatlichen Ordnung in Form der damaligen Regierung des Zaren. Zu diesem Zweck organisierten die Bolschewisten einen Volksaufstand, indem sie das einfache Volk, die Plebejer der Großstädte, zum bewaffneten Kampf aufhetzten. Sie selbst aber hielten sich aus Feigheit geschickt im Hintergrund. Nach der Niederschlagung des St. Petersburger Aufstandes im Jahre 1905 zog sich Lenin aus Angst aus der politischen Arbeit zurück und schrieb Bücher über sogenannte weltanschauliche Fragen. So mißdeutete er beispielsweise in seiner Schrift »Materialismus und Empiriokritizismus« neue Erkenntnisse des Physikers Albert Einstein. Er entwickelte daraus u. a. einen atheistischen, nebulösen **Materiebegriff**.

☛ Das Wort »**Empiriokritizismus**« ist eine reine Erfindung Lenins. Es soll soviel wie »beharrliche Infragestellung von Erfahrungen« (im abwertenden Sinne) bedeuten. Durch die Latinisierung wollte Lenin seinem Unsinn einen wissenschaftlichen Anstrich geben. Da aber Ihre Umschüler diesen Begriff in ihren früheren Polit-Schulungen schon oft gehört haben, empfiehlt es sich, seine Aussprache zu üben, damit er Ihnen flüssig von den Lippen kommt. ☚

Später, unter dem kommunistischen Regime, wurden die Hirngespinste Lenins in der sogenannten marxistischen Wissenschaft als unumstößliche Dogmen behandelt, während sie der seriösen Wissenschaft nur ein mitleidiges Lächeln entlocken konnten. Heute spricht niemand mehr in der Welt über diese »Erkenntnisse« Lenins.
Als Partei-Funktionär der Bolschewisten verfaßte Lenin auch politische Schriften über eine neue typische Partei wollte. In solch einer Partei sollten demokratische Strukturen, die ja ohnehin bei den Kommunisten nur spärlich vorhanden waren, durch **diktatorisch-militärische** ersetzt werden. Dieser neue Parteityp wurde während der Oktoberrevolution 1917 in der kommunistischen Partei Rußlands gnadenlos durchgepeitscht und danach in allen kommunistischen Parteien der Welt.
Die Aufdeckung seiner Umsturzpläne zwang Lenin, seine Heimat zu verlassen. Er ging nach Deutschland. Hier erlebte er den großartigen industriellen Aufschwung der Gründerjahre, der seinen Neid und seinen Haß noch zusätzlich anstachelte. Er beschrieb das, was er sah, in seiner Schrift »Der Kapitalismus, das höchste Stadium des Imperialismus«. Als sibirischer Russe war er natürlich überhaupt nicht in der Lage zu begreifen, was da vor sich ging. Mit seinem Pamphlet mußte er deshalb in Widerspruch geraten mit anderen europäischen Kommunisten, wie etwa Rosa Luxemburg und Karl Liebknecht.
Da er in Deutschland keine Freunde gefunden hatte, reiste er 1917 illegal über Amerika und Finnland, als Heizer einer Lokomotive verkleidet, wieder nach Rußland ein, um hier den Umsturz vorzubereiten. Danach wurde er als **Parteichef** auch **Staatsoberhaupt** Sowjetrußlands. Nun konnte er seinen despotischen Neigungen freien Lauf lassen. Rigoros kämpfte er mit der geballten Macht von Partei und Staat gegen solche Parteigenossen, die von seiner Linie abwichen und entweder mehr Demokratie (Revisionisten) oder eine härtere Gangart (Trotzkisten) wollten. Sie alle wurden gnadenlos hingerichtet.
Nach seinem Tod 1924 wurde Lenin als **Gott verehrt**, und die Kommunisten entfachten einen irrationalen **Personenkult**, der bis heute bei einigen Unverbesserlichen und Spinnern anhält (Mausoleum).

b) Seine Haltung zu Religion und Kirche

Lenin verhielt sich in den Fragen von Religion und Kirche genauso wie Marx und Engels. Auch für ihn war natürlich die christliche Religion ein rotes Tuch, Opium für das Volk, und der Mensch stammte vom Affen ab. Während aber Marx und Engels ziemlich folgenlos solchen Unsinn aufschreiben konnten, hatte Lenin als Partei- und Staatschef die **Macht**, daß diese Hirngespinste zur, wie die Kommunisten sagten, »materiellen **Gewalt**« wurden.

Sein vom russischen Geheimdienst unterstützer Kampf gegen jegliches religiöse Leben in der russischen Familie, sein Vernichtungsfeldzug gegen Kirchen, Klöster, Bischöfe, Priester und Mönche in Rußland, das war die eine Seite des **Kirchenkampfes**, des militanten Atheismus der russischen Kommunisten. Die andere Seite aber bestand darin, daß in den Schulen und auf den Universitäten die atheistischen Sprüche eines Marx und Engels auswendig gelernt und ständig heruntergebetet werden mußten. Die Kommunisten ahnten aber, daß sie mit diesen unwissenschaftlichen Torheiten bei **klugen Menschen** auf Dauer **nicht** bestehen werden können. Schon sehr früh versuchte deshalb Lenin selbst, weil sich kein ehrbarer Wissenschaftler dazu hergab, dem komministischen Atheismus ein wissenschaftliches Mäntelchen umzuhängen, eine Art pseudophilosophische Begründung dafür zu erfinden.

In seinem Aufsatz »Materialismus und Empiriokritizismus« (vgl. oben) versuchte er, durch eine Umformulierung der absoluten Seinsbereiche alles Geistige auf das Materielle **herabzudrücken**. Das Bewußtsein, so behauptete er, sei lediglich die Widerspiegelung der Materie. Nur die Materie, das **Materielle**, existiere wirklich. Demnach seien die menschliche Seele, unser Fühlen und Denken und das über Jahrtausende hin erworbene Wissen der Menschheit bloße Fiktion, Einbildungen, Spiegelbilder, die nicht wirklich existierten. Das verstand zwar niemand, auch im Kommunsimus nicht, aber es mußte **geglaubt** werden. In allen Politschulungen mußte dieser Blödsinn vorwärts und rückwärts heruntergeleiert werden, bis er sich in die Hirne eingefressen hatte.

Aber hinter dieser scheinbaren Geistesstörung steckte natürlich eine raffinierte **politische Absicht**: Wenn die Seele, das Wissen und **Gewissen** nur als Einbildung existierten, konnte man es auch durch die Materie beeinflussen, es ändern oder abschaffen. Wie viele Tausende und Abertausende armer Menschen kriegten das im Kommunismus zu spüren! Wieviele Andersdenkende verschwanden in kommunistischen Lagern und Irrenhäusern, damit ihr »Bewußtsein« durch die »Materie« in Form von Schlägen, Elektroschocks und Folter das **»Richtige widerspiegelt«!** Die unseligen Folgen dieses jahrzehntelangen Terrors, die tiefen seelischen Wunden sind bei vielen noch nicht geschlossen. Viele haben noch heute große Angst, darüber zu berichten. Umso wichtiger sind deshalb heute solche Einrichtungen der ehemaligen Bürgerrechtler aus der ehemaligen DDR, die versuchen, im Verein mit der Gauck-Behörde, mit hohem persönlichem und uneigennützigem Einsatz die unseligen psychischen Folgen dieses kommunistischen Terrorregimes zu mildern.

Methodisch-didaktisches Spiel (mit Bewertung)

Drei Umschüler (abwechselnd) übernehmen interaktiv die Rollen von Marx, Engels und Lenin. Sie schauen vom Jenseits her auf die Erde und beurteilen die rasante positive Entwicklung der letzten Jahre in ihrem ehemaligen Machtbereich (Ostblock). **Die anderen Umschüler** spielen das Volk von heute und stellen Fragen. Die drei Propheten versuchen, sich und ihr Werk zu verteidigen. Ihre Apologie wird zum Schluß gewertet und den Punkten Ihrer Umschüler aus dem Fragebogen zugeschlagen.

	Punkte
a) Wir hatten absolut Recht, die Zukunft wird es beweisen. Die Kommunisten haben nur eine Schlacht verloren, nicht den Krieg.	0
b) Wir hatten zwar Recht, aber es ist uns nicht gelungen, unsere Politikansätze überzeugend rüberzubringen.	5
c) Wir haben uns geirrt, entschuldigt bitte und verzeiht uns. Es war nur so eine Idee von uns. Aber bedenkt die Zeit und die Umstände, in denen wir lebten.	10

Fragebogen zu Thema 3 Punkte

1. Der Vater von Marx war	
a) Einer der Marx-Brothers	0
b) Textilunternehmer	5
c) jüdischer Advokat	10
2. Die preußische Regierung verbot die »Rhein-Zeitung« wegen	
a) kommunistischer Artikel	5
b) Unausgewogenheit	10
c) Papiermangel	0
3. Das von Marx und Engels verfaßte Parteiprogramm hieß	
a) Das Ahlener Programm	0
b) Das Godesberger Programm	5
c) Das Kommunisten-Manifest	10
4. Engels war, was seine Intelligenz betrifft,	
a) genauso beschränkt wie Marx	5
b) klüger als Marx	0
c) dümmer als Marx	10
5. Engels war verheiratet mit	
a) Clara Zetkin	0
b) Rosa Luxemburg	5
c) unverheiratet, deshalb häufige Bordellbesuche	10
6. Lenin war verheiratet mit	
a) Nadeshda Krupskaja	10
b) Sarah Wagenknecht	0
c) war unverheiratet, hatte homophile Neigungen	5
7. Welche Stadt der ehemaligen DDR hieß nach einem der drei Propheten?	
a) Eisenhüttenstadt	5
b) Guben	0
c) Chemnitz	10

Auswertung (einschließlich methodisch-didaktisches Spiel): Höchstpunktzahl 80: ausgezeichnet; 75 Punkte: sehr gut; 70 Punkte: gut; 60–65 Punkte: ausreichend; unter 60 Punkte: ungenügend.

Thema 4
Parolen und Phrasen

Methodisch-didaktische Hinweise für die Damen und Herren Kursleiter

Die Jünger von Marx, Engels und Lenin, die sich Marxisten-Leninisten nannten, stellten aus deren Äußerungen ein Weltbild zusammen, den sogenannten **Marxismus-Leninismus**. Es ist ein Gebäude von Ideen, welches durch seine Schlichtheit auf den ersten Blick reizvoll erscheint. Die Stützpfeiler dieses Ideen-Gebäudes sind einzelne Parolen und Phrasen (Kategorien). Sie sind formallogisch aneinandergereiht und beweisen sich scheinbar gegenseitig. Greift man aber eine dieser Parolen heraus, untersucht **ihre Wahrheit**, dann fällt das ganze Gebäude wie ein **Kartenhaus** zusammen.
Das soll in dieser Lektion an Hand der Phrasen »Klassen« und »Klassenkampf« geschehen.

☛ Ihre Umschüler, die eventuell von der scheinbaren inneren Logik dieses Systems noch überzeugt sind, werden erstaunt sein, wie schnell ihr Luftschloß zusammenfällt.
Vorher für Sie aber noch zur Erläuterung: Das Gebäude des Marxismus-Leninismus besteht aus zwei Etagen. In der einen geht es um Seinsfragen (dialektischer Materialismus), in der anderen um die Geschichte (historischer Materialismus). Kernstück dieser angeblichen Geschichtslehre sind die beiden Parolen »Klassen« und »Klassenkampf«. Dabei handelt es sich aber nicht, wie man annehmen möchte, um Schulklassen und deren Balgereien, sondern mit diesen beiden Worten versuchten die Kommunisten, die Menschheit und ihre Geschichte zu deuten.
Nach ihrer Meinung gibt es unter den Menschen weder Kluge noch Dumme, Schöne noch Häßliche, Weiße noch Schwarze, Faule noch Fleißige, sondern alle Menschen werden danach eingeteilt, ob sie, einfach gesagt, ein **Werkzeug** (d. h. Produktionsinstrument) besitzen oder nicht. Wer ein Werkzeug besitzt, gehört zur Klasse der **Ausbeuter**, weil er sein Werkzeug verleiht und dafür etwas haben will. Der andere, der keines besitzt, gehört zur Klasse der **Ausgebeuteten**. Wenn er das Werkzeug leiht, muß er dafür »Leihgebühr« bezahlen, wird also »ausgebeutet«. Geschichte sei der Kampf um diese Werkzeuge bzw. Produktionsmittel.
Daß diese Sicht der Geschichte eine lächerlich primitive Vereinfachung

ist, weisen nicht nur Historiker nach, es wird vor allem durch die Geschichte selbst bewiesen. Trotzdem ist eine Richtigstellung dieses Unsinns wichtig, damit Ihre Umschüler später die wahren Ursachen geschichtlichen Werdens verstehen können. Bei ihnen dürfen Sie aber leider, wie bei den Erfindern dieses abstrusen Geschichtsbildes selbst, Marx, Engels und Lenin, keine konkreten Geschichtskenntnise, Fakten oder Zahlen etwa, voraussetzen. ☚

Klassen und Klassenkampf

Bevor Sie mit Ihren systematischen Darlegungen beginnen, stellen Sie folgende marxistisch-leninistische Behauptung in den Raum:

Geschichte ist Klassenkampf, der Kampf zwischen Ausbeutern und Ausgebeuteten.

☛ Lassen Sie jetzt die Schüler diese These erörtern. Sie werden merken, wie diese durch die Menschheitsgeschichte eilen, von Epoche zu Epoche hüpfen und Ihnen das, was sie in ihren Politschulungen gelernt haben, herunterbeten. Erschrecken Sie nicht bei der Einfachheit ihrer Bilder, die Ihnen wie erzgebirgische Holzschnitzereien vorkommen werden. Bis die Umschüler in die Jetztzeit kommen. Spätestens hier merken auch sie, daß sie mit ihrem Latein am Ende sind. Setzen Sie nun ein. ☚

I. Der geschichtliche Aspekt

Wie konnten solche Begriffe wie Klassen und Klassenkampf, wie konnte solch ein falsches Geschichtsbild überhaupt erst entstehen?

Es gibt drei Gründe dafür.

Der erste Grund:

Marx und Engels waren als Historiker **Laien**. Ihr geringes Wissen nahmen sie aus zweifelhafter Sekundär-Literatur. Fehlende Sprachkenntnisse ließen sie **nicht zu den Quellen selbst** hinabsteigen. Da ihr Publikum, in der Hauptsache die Kommunisten, ebenfalls nur über eine sehr geringe Bildung verfügte, war es ein Leichtes, ihnen dieses primitive, falsche Geschichtsbild einzutrichtern. Hier nur einige wenige Beispiele der marxistisch-leninistischen Geschichtsverfälschung:

Die Ur- und Frühzeit

Die Geschichte besteht nach Meinung der Kommunisten aus sechs Epochen. Und dies sind die Namen, die sie ihnen gaben: Urgesellschaft, Sklavenhalterei, Feudalismus, Kapitalismus, Sozialismus und, als Endpunkt der Geschichte, der Kommunismus. Die Geschichte sei, so sagen sie, ein **Kreis**, oder, nach Lenin, eine **Spirale**. Sie wiederhole sich. So würden beispielsweise die Ideale der Urgesellschaft auf der höchsten Stufe, im Kommunismus, Wirklichkeit werden.

Dabei wird natürlich verschwiegen, daß die Gemeinsamkeit, die **Gleichheit der ersten Menschen** (Urgemeinschaft) aus dem notwendigen Zwang heraus entstand zu überleben. Nur gemeinsam ließen sich nämlich die großen Tiere jagen, nur eine gerechte Verteilung der Beute sicherte das Überleben aller Sippenmitglieder. Mit der Lenin-Ideologie vom **Kommunismus** hatte das absolut **nichts zu tun**. Daß aber die menschliche Urzeit von den Kommunisten idealisiert wurde und solch eine hohe moralische Bewertung erfuhr, hat einen Grund: Sie wollten nichts anderes, als solche primitiven Zustände für ihre Völker wie in der Urzeit. Und hätten die Kommunisten so weiterwirtschaften dürfen wie bisher, dann wären sie auch bald wieder in der Steinzeit angekommen!

Die Antike

In der **Antike** (»Sklavenhalterei«) gab es angeblich nur Sklavenhalter (Ausbeuter) und Sklaven (Ausgebeutete). Düstere Reizworte für diese Zeit sind **Sklavenmarkt, Galeere, Auspeitschen, Gladiatoren und Spartakus**. Befragt man die Quellen selbst, ergibt sich ein völlig **anderes Bild**. Der römische Schriftsteller Plinius d. Ä. schreibt »servi familiter habent«, d. h. die Römer behandelten ihren Sklaven familiär. Diese abhängigen Menschen leisteten gewisse Dienste und erhielten dafür kostenlose Unterkunft und Verpflegung. Gemessen am Standard ihrer Heimatländer war das ein luxuriöses Leben. Viele Freigelassene blieben deshalb bei ihren ehemaligen Herren. Wie kam es zur antiken Sklaverei?

Nehmen wir das Römische Reich. Die Marxisten behaupteten, die Römer hätten besiegte Völker versklavt. Das ist mindestens nur die **halbe Wahrheit**. Die Quellen selbst sagen, daß auch andere Völker Kriege führten und die Besiegten als Sklaven den Römern anboten. Die slawischen Fürsten beispielsweise **verkauften ihre Untertanen**, um an römisches Gold zu kommen. Oder ein anderes Beispiel: Tacitus berichtet in seiner »Germania«, daß die Germanen beim Würfelspiel sich **selbst einsetzten** und sich vom Spiel-Gewinner in die Sklaverei verkaufen ließen. Hätten sie das getan, wenn Sklaverei Peitsche und Galeere bedeutet hätte? Das alles zeigt doch ein **vielfältiges Bild** der Sklaverei, bei dem das primitive Klassenkampf-Raster versagt. Aber was nicht sein durfte, konnte nicht sein.

Wie konnten die Kommunisten, entgegen allen Quellen, zu solch einem falschen Bild der Antike kommen? Die Antworten sind ziemlich einfach, obwohl es mehrere dafür gibt, mindestens aber zwei. Erstens standen die Überreste der antiken Kultur, die gewaltigen Tempelanlagen und Stadtfestungen, Aquädukte und Amphitheater in den westlichen Ländern, so in Italien, Griechenland, Südfrankreich oder in der Türkei (Kleinasien). Der einfache Mann durfte **nicht** dorthin **reisen**. Um solche Reisewünsche im Volk gar nicht erst aufkommen zu lassen, wurden diese grandiosen antiken Leistungen unter den Teppich gekehrt und verschwiegen. Der zweite Grund war ebenfalls ein praktischer. Je düsterer die Kommunisten das Bild der Antike – und der Geschichte allgemein – malten, um so heller sollte die Gegenwart des Kommunismus erscheinen. Aber wie sah die Wirklichkeit im Kommunismus aus?

Die Kommunisten behandelten doch ihre Untegebenen so, wie sie meinten, die Sklavenhalter hätten ihre Sklaven behandelt. Jeder mußte im Kommunsimus arbeiten. Wer nicht arbeiten wollte und die ihm zugewiesene Arbeit verweigerte, kam ins Gefängnis. Wo ist da der Unterschied zum antiken Sklavenmarkt? Oder was unterscheidet im Grunde ein sibirisches Straflager von den Galeeren oder den großen römischen Latifundien? Gar nichts. Nicht einmal die Methoden der Unterdrükkung waren moderner.

Aber was einem Spartakus in der Antike nicht gelang, glückte dem unterdrückten Volk der ehemaligen DDR. Durch eine friedliche Revolution unter der Führung solcher Persönlichkeiten wie u. a. den ehemaligen Bürgerrechtskämpfern Bärbel Bohley und Rainer Eppelmann wurden die Fesseln gesprengt, und im Herbst 1989 wurde das Joch der kommunistischen Sklaverei ein für und allemal abgeschüttelt!

Das Mittelalter

Völlig falsch ist auch das Bild der Kommunisten vom **Mittelalter**, im Marxismus Feudalismus genannt. Auch hier gebrauchten sie negative Reizworte wie Unterdrückung, Leibeigenschaft, Abgaben und Frondienste, um diese Zeit zu charakterisieren. Wenn das stimmen würde, wie konnten dann, so fragen wir, solche Bilder des Malers Breughel entstehen, die ein mittelalterliches Dorfleben voll praller Lebenslust zeigen? Die Antwort geben auch hier die **Quellen selbst**. Das Wort »Feudalismus« ist natürlich keine Erfindung der Kommunisten, es kommt aus dem Lateinischen. In ihm steckt das Wort »foedus«.

Dieses foedus hat im Original zwei ganz unterschiedliche Bedeutungen. Erstens ist foedus ein Adjektiv und heißt soviel wie häßlich, schändlich oder grausig. Als Substantiv bezeichnet es einen Bund, ein Bündnis, einen Vertrag. Beide Bedeutungen stehen in Wörterbüchern untereinander. Für die kommunsitischen Theoretiker, die ja kein Latein konnten, waren solche Wörterbücher der einzige Zugang zu Erklärungen. Sie übersahen wahrscheinlich die beiden getrennten, unterschiedlichen Bedeutungen und schmissen sie zusammen. So kam ihre Deutung von foedus, später feudus oder feudalis, als ein »schändliches Bündnis« zustande.

Beginnen wir mit den Steuern und Abgaben, in denen sich laut Meinung der Kommunisten das »Ausbeutungsverhältnis« zeigt. Die Hauptsteuer des Mittelalters war der sogenannte **Zehnt**, der zehnte Teil des Ertrages. Der Zehnt war eine Steuer für den König. Das Volk gab ihn gern, denn dadurch wußte es sich im Schutz des Königs und seines Heeres. Der König schenkte den Zehnt oft der Kirche. Angesichts heutiger Steuern ist der Zehnt, also zehn Prozent, nichts.

Frondienste waren die Landpacht. Wie kam sie zustande? Die Bauern hatten in der Regel mehrere Söhne. Nur einer konnte den Hof erben. Hätte man ihn geteilt, wäre die Größe nicht mehr rentabel gewesen. Also mußten sich die anderen Söhne eines Bauern Land pachten. Sie taten das bei Adligen. (Das althochdeutsche »Adaling« bedeutet »edler Mann«.) Die besaßen meist große Landflächen, die ihr rechtmäßiges, uraltes Eigentum waren, über Jahrhunderte hindurch vererbt. Hätten die Bauernsöhne, die Pächter, ihre Pacht in Naturalien bezahlen müssen, plus Zehnt, wäre für sie und ihre Familien aber nicht genug zum Leben übriggeblieben. Die Pacht mit **Nachbarschaftshilfe** zu begleichen, war also äußerst human.

Daß es dabei manchmal auch unangemessene, **überzogene Forderungen** einzelner Adliger gab, belegen die mittelalterlichen Gerichtsakten. Die Gerichte, mit hochgestellten Persönlichkeiten besetzt und vom König überwacht, sprachen unabhängig Recht. Die Bauern konnten, wenn sie trotzdem einmal einen Prozeß verloren hatten, als freie Menschen auch den Hof verlassen und in die Stadt ziehen. Dort waren sie frei von jeglicher Steuer. Allerdings machten nicht alle Bauern von dieser Möglichkeit Gebrauch. Ihre gefühlsmäßige Bindung an die Scholle, ihre mangelnde Mobilität, ihre Scheu vor Neuem und Unbekanntem sowie ihre fehlende Risikobereitschaft ließen sie oft auf dem Land, in ihren alten Dörfern verharren. Die Schulden, die sie nun dort gemacht hatten, mußten zurückgezahlt werden, und damit entstand eine gewisse Abhängigkeit. Mit einem Besitz an Leib und Leben, den der adlige

Kreditgeber dem Bauern und seiner Familie gegenüber angeblich beanspruchte, hatte das aber nichts zu tun.
Oft wird auch, wenn vom Mittelalter gesprochen wird, das »ius primae noctis«, d.h. das Recht der ersten Nacht, ins Feld geführt. Angeblich sei es ein verbrieftes Recht der adligen Männer gewesen, die Töchter der Bauern vor ihrer Verehelichung zu unkeuschen Handlungen zu verführen. Das ist in Wirklichkeit aber nichts anderes, als das Produkt einer ausschweifenden Phantasie von Schwarmgeistern und Atheisten, die von den Kommunisten nur aufgegriffen und genüßlich weiterverbreitet wurden. In keiner schriftlichen Quelle wird uns von solch einer Art Unzucht berichtet. Es ist ja zudem auch schwer vorstellbar, hätte es so etwas tatsächlich gegeben, daß die Kirche Kraft ihres Amtes nicht energisch dagegen eingeschritten wäre. Damit erledigt sich wohl auch die Behauptung der Kommunisten, im deutschen Mittelalter hätte es eine **Leibeigenschaft** gegeben, von selbst.
»Vergessen« wird von den Marxisten, daß die adligen Grundherren **in erster Linie** die **politische Verantwortung** in ihren Landstrichen übernommen hatten. Sie kümmerten sich vorrangig um das Wohl ihrer Untertanen. Ihnen oblag das Finanzwesen, d.h. der Zehnt mußte empfangen und weitergeleitet werden. Als Richter mußten sie den inneren Frieden wahren, Streitfälle schlichten und sich um die Durchsetzung der Urteile kümmern. Sie sorgten sich um das Heeresaufgebot. Die Bauernsöhne mußten zur rechten Zeit ihrer Wehrpflicht nachkommen, um unter Führung des Königs den **Landesfrieden** zu verteidigen. Weiterhin lag die würdige **Einrichtung der Kirchen** auf ihren Schultern. Kirchenbänke, Glocken, Meßgewänder, Kelche und Monstranzen wurden von ihnen gespendet. Armenhäuser wurden eingerichtet und eine Anzahl landloser älterer Bürger auf ihre Kosten ernährt und gekleidet. **Schulen wurden gefördert**, und begabte Landeskinder erhielten sogar ein Stipendium, das ihnen den Besuch einer höheren Schule bzw. Universität ermöglichte. Das Leben der Bauern war also **nicht so elend**, wie es die marxistische Geschichtsideologie will.
Dazu nur ein konkretes **Beispiel**: Friedrich Engels läßt sich in seinem Buch »Der Deutsche Bauernkrieg« über die Zustände des ausgehenden Mittelalters aus. Er beschreibt den Aufruhr einiger Bauern zu Beginn des 16. Jahrhunderts, den sogenannten Bauernkrieg. Aber anstatt nur eine einzige Quelle selbst zu befragen, stützt er sich dabei auf die zweifelhafte Arbeit eines gewissen Wilhelm Zimmermann. Dessen einseitige Parteinahme für die aufständischen Bauern ließen Zimmermann viele Dokumente jener Zeit verschweigen. Wie erklärt es sich beispielsweise, daß an diesem Bauernaufstand nur die **wenigsten freiwillig** teilnah-

men? Ganze Dörfer und Regionen hielten sich fern. Auch in solchen Gemeinden, die vom Aufstand erfaßt wurden, weigerten sich viele, an der Rebellion teizunehmen. Sie folgten den Ermahnungen der Kirche, ihrer priesterlichen Hirten, und bewahrten den inneren Frieden. Erst die Gewalt der Bauernrotten und deren Rädelsführer, die ihnen mit dem Tode drohten, zwang sie, mitzuziehen. So belegen es die **Quellen**, das sind die Protokolle von Verhören aufständischer Bauern nach der Niederschlagung des Aufruhrs.

Der zweite Grund:

Marx und Engels lebten in der zweiten Hälfte des **19. Jahrhunderts**. Wie sah es damals in der Wirtschaft aus?
In Europa entwickelten sich aus kleinen Handwerksbetrieben größere Firmen, sogenannte Manufakturen. Aus familiären Verhältnissen zwischen Meistern und Gesellen wurden über Nacht **anonyme Strukturen** zwischen Arbeitgebern und Arbeitnehmern. Die Handwerksmeister, nun Betriebsleiter, standen der zahlenmäßig gewachsenen Arbeiterschaft erfahrungslos gegenüber. Diese neue Schicht der Industrie-Arbeitnehmer waren in der Regel Hilfsarbeiter ohne jegliche Vorkenntnisse. Sie waren nicht mehr so gebildet und qualifiziert wie einst die Handwerksgesellen, die sich viele Jahre lang auf ihr Berufsleben vorbereiten mußten. Durch die Einführung neuer Technik in den Betrieben waren an den einzelnen Arbeitsplätzen nur noch wenige, schnell erlernbare Handgriffe auszuführen. Durch diese Vereinfachung in der Arbeit sank zusätzlich das geistige Niveau der Arbeitnehmer. Deshalb waren sie auch anfällig für primitive Klassenkampf-Parolen, wie sie von den Kommunisten in die Arbeiterschaft hineingetragen wurden.
Unter dem immensen **Druck der Konkurrenz** stand für viele Firmeninhaber die Rentabilität ihrer Betriebe im Vordergrund. Dabei wurden, auch das muß man leider feststellen, bisweilen maßvolle, erträgliche Arbeitszeiten und angemessener Lohn in den Hintergrund gedrängt.
Diese Kinderkrankheiten des 19. Jahrhunderts führten im Verein mit der Aufhetzung der Arbeiterschaft durch die Kommunisten bisweilen zu Streiks, Revolten und Betriebsschließungen. Hunger, Elend und Verbitterung auf beiden Seiten waren die Folgen. So ist es verständlich, wenn damals irrtümlich der Eindruck von »Oben und Unten« entstehen konnte, der Eindruck von zwei unterschiedliche Schichten, die von den Kommunisten als »Klassen« bezeichnet wurden. Marx und Engels **verabsolutierten** die Zustände ihrer Zeit und übertrugen sie auf die gesamte Geschichte.

Der dritte Grund:

Die Erfindung des Begriffes »Klassenkampf« durch die Kommunisten verfolgte lediglich den Zweck, Neid zu schüren, die Arbeiterschaft zum Kampf aufzuhetzen, zu Revolten **aufzuwiegeln** und die natürlich gewachsenen **demokratischen Strukturen zu zerstören**.
Daß dies auf Dauer nicht gelang, wie die Geschichte bewies, ist auch dem mäßigenden Einfluß unserer Kirche auf die Arbeiterschaft, von Gewalttätigkeiten Abstand zu nehmen, zu danken. Gleichzeitig richtete sie ihre Mahnungen ja auch an die Adresse der Verantwortlichen in der Wirtschaft, Barmherzigkeit zu üben.
Immer wieder erwies sich im Verlauf des letzten Jahrhunderts die freiheitliche Demokratie stärker als jede Volkverhetzung. Durch Unternehmerverbände und Gewerkschaften, durch die segensreiche Vermittlung von Kirche und Staat wurden im Laufe der Jahrzehnte die unnötigen Konflikte des Arbeitslebens zur Zufriedenheit beider Seiten gelöst. Tarifverträge regelten die jeweiligen Verantwortlichkeiten. Der Lebensstandard der Arbeitnehmer und Angestellten unterscheidet sich heute kaum von dem der Arbeitgeber.
Klassen und **Klassenkampf** sind im 20. Jahrhundert **leere Phrasen**.

Klassen und Klassenkampf im Kommunismus

Der Klassenkampf nach außen

Die sogenannte Klassenfrage wurde im Kommunismus gewissermaßen **verstaatlicht**. Im Westen, in den »kapitalistischen« Staaten, herrschten angeblich die **Ausbeuter**, und im Osten, den »sozialistischen Staaten«, die ehemals **Ausgebeuteten**. Was sich zwischen den Ost- und Weststaaten abspielte, nannte man **Klassenkampf**. Ziel des Klassenkampfes war der gewaltsame Umsturz, die Abschaffung des westlichen »kapitalistischen Systems« mit allen Mitteln, einschließlich militärischen. Neben der ungeheuren waffentechnischen **Hochrüstung des Ostens** und den ständigen offenen Drohungen, Atombomben einzusetzen, fand eine gigantische **moralische Aufrüstung** im Osten statt. In den kommunistischen Medien, im Radio, Fernsehen und den Zeitungen wurde der Westen pausenlos als »Gegner« und »Klassenfeind« beschimpft, der mit allen Mitteln bekämpft werden mußte. Eine vormilitärische Ausbildung in den Kitas und Schulen, Schießübungen und militärische Geländespiele sowie das Absingen von Kampfliedern bei Appellen und Versammlungen sollten die Jugend **zum Haß erziehen**. Eine drei Jahre dauernde Wehrpflicht war das Normale, obwohl diese Pflicht laut Gesetz nur die Hälfte betrug. Wer sich aber nur zu diesen anderthalb Jahren bereit erklärte, galt schon als »Gehilfe des Klassenfeindes«. Ein Studium an einer Universität kam für ihn natürlich nicht in Frage. All dieses moralische Aufrüsten, diese Erziehung zum blinden Haß führte letztendlich zum »Kalten Krieg«. Nur der Besonnenheit westlicher Staatsmänner und der allseitigen Überlegenheit des Westens ist es zu verdanken, daß aus diesem kalten kein heißer Krieg wurde.

Der Klassenkampf nach innen

Im Kommunismus wurde kurioserweise auch das ganz **normale Leben** als **Klassenkampf** bezeichnet. Wirtschaftliche oder sportliche Erfolge, wie Abschlüsse und Zertifikate auf Handelsmessen oder Medaillen bei internationalen Wettkämpfen und Olympischen Spielen, waren »Siege im Klassenkampf«. Gute Schulzeugnisse, vor allem gute Noten in den Fächern Disziplin, Ordnung und Staatsbürgerkunde, Verpflichtungen zu längerer Armeedienstzeit oder zum Berufssoldatentum, Teilnahme an politischen Sonderschulungen der von der SED gesteuerten Vereine, all das waren »Pluspunkte im Klassenkampf«. Dagegen galten Nachlässigkeit, Schlamperei und Faulheit in der Arbeit, aber auch ganz normale Unfälle und menschliches Versagen als Sabotage, im Auftrag westlicher Geheimagenten ausgeführt. Ebenso galt eine aktive Mitgliedschaft in der Kirche als verdächtiger Minuspunkt im Klassenkampf. Darüber freute sich angeblich der Klassenfeind.
Man könnte darüber lachen, aber diese Sicht des normalen Lebens als Klassenkampf hatte doch für Andersdenkende schmerzhafte Folgen. Durch einen geschickten Trick wurde so nämlich jede belanglose Gesetzesübertretung zu einem politischen Verbrechen und es wurden dafür andere, schärfere Paragraphen angewendet. Das Strafmaß beispielsweise für ein einfaches Eigentumsdelikt am Arbeitsplatz, die Bereicherung an sogenanntem Volkseigentum, dessen Fehlen ja niemandem weh tat, wurde bei kleinen Leuten mit lebenslanger Haft bestraft. Die Großen, die SED-Funktionäre, die sich auf Kosten des Volkes ein luxuriöses Leben verschafft hatten und ausschließlich Volkseigentum verpraßten, wurden natürlich nie zur Verantwortung gezogen.
Normales Leben als Klassenkampf umzulügen, hieß aber auch andersherum, daß aus jeder anderen politischen Meinung eine Gesetzesverletzung wurde. Strenggläubige Christen, die ihren Glauben konsequent lebten, Zweifler am Kommunismus und Andersdenkende wurden so automatisch zu Kriminellen und landeten meist in Stasi-eigenen Zuchthäusern. Durch diesen Trick aber gab es angeblich im Osten offiziell keine politischen Gefangenen, sondern nur Kriminelle. Nach der friedli-

chen Revoltion des Herbstes 1989 und der Zerschlagung des Stasi-Apparates öffneten sich Gottseidank für Abertausende die Gefängnistore. Ihre Rehabilitierung wurde von den demokratischen Gerichten schnell und unbürokratisch in Angriff genommen, eine angemessene Entschädigung der zu Unrecht Inhaftierten aber kann mit finanziellen Mitteln nur unzureichend erfolgen. Was noch Not tut, ist eine gerechte Bestrafung der Schuldigen.

Der Klassenkampf und die Privilegien

Die SED nannte sich **»Avantgarde der Arbeiterklasse«**. Ihre **»führende Rolle«** stand im **Grundgesetz** und in der **Verfassung**. Aber wer gehörte zur »Arbeiterklasse« und wer nicht? Primitive Einteilungen, wie etwa: Wer sich bei der Arbeit schmutzig macht und sich danach duschen muß, ist ein Arbeiter, und wer im Kittel herumläuft und sich nach der Arbeit nicht zu duschen braucht, gehört nicht zur Arbeiterklasse, erbrachten das Gegenteil. Die im Kittel herumliefen, waren nämlich die SED-Bonzen, die Mitglieder der sogenannten Partei der Arbeiterklasse. Die mußten sich nach der Arbeit nie duschen. Die Chefs im Kittel und die SED-Funktionäre im Anzug waren aber per definitionem zuallererst Angehörige der Arbeiterklasse. Dazu kamen noch die Armee- und Stasioffiziere, die Richter und Staatsanwälte sowie alle anderen Staatsangestellten.

Wichtig war aber diese Frage nur deshalb, weil diese sogenannte Arbeiterklasse die Staatselite war und sich außerordentliche **Privilegien angemaßt** hatte.

So brauchten beispielsweise die Kinder von SED-Mitgliedern keine guten Zensuren, um auf einer Universität zu studieren. Es reichte, wenn sie in der Schule versetzt wurden, aber auch da mußten von den einfachen Lehrern oft beide Augen zugedrückt werden. Die Schuldirektoren, alle waren natürlich Mitglieder der SED, hatten es so befohlen. Das Stipendium (BaföG) eines SED-Funktionärskindes war selbstverständlich um ein Vielfaches höher als das einfacher Studenten.

SED-Mitglieder wurden bei der Zuteilung von Wohnungen, Autos, Telefonen, Schreibmaschinen, Urlaubsplätzen und Kuren bevorzugt. Die Creme der SED-Funktionäre ließ sich sogar in speziellen luxuriös eingerichteten Urlaubsparks, in Krankenhäusern und Sanatorien verwöhnen. »Begründet« wurde das mit einer angeblichen Wiedergutmachung einer frei erfundenen jahrhundertelangen Benachteiligung der »Arbeiterklasse«. Diese SED-Privilegierung erregte schon sehr früh den **Unwillen des Volkes**. Es fühlte sich benachteiligt und ging scharenweise in den Westen. Deshalb mauerte die SED-Führung am **13. August**

1961 die ehemalige DDR zu und konnte von da ab erst recht schalten und walten, wie sie wollte.
Den Gipfel dieser Perversion aber bildete die Luxussiedlung der SED-Spitze in **Wandlitz** bei Berlin. Militärisch strengstens abgeschirmt vom Volke, war sie, ähnlich wie Hitlers Wolfsschanze, in mehrere Zonen, sogenannte Ringe, aufgeteilt. Im strengstens bewachten Innenring lebte die SED-Kaste. Jeder von ihnen besaß mit seiner Familie eine eigene Luxusvilla, die mit höchstem Komfort ausgestattet war. Im sogenannten Außenring wohnte die Dienerschaft. Zehntausende Stasi-Angehörige, Chauffeure, Techniker, Köche, Kellner, Stubenmädchen u.s.w. sorgten Tag und Nacht für ein angenehmes Leben der SED-Bonzen im sogenannten Innenring. In ihm gab es neben einem voluminösen Freizeitcenter mit Schwimmhalle, Kino und Luxusrestaurant auch ein eigenes Warenhaus. Besonders die Lebensmittelabteilung dieses Warenhauses war nach dem Vorbild des französischen Nobelkaufhauses Lafayette bzw. der Schlemmeretage des KaDeWe ausgestattet worden. Die SED-Bonzen und deren Angehörige konnten sich dort nach Herzenslust bedienen, ohne bezahlen zu müssen. Sie brauchten nur auf eine Ware zu zeigen, diese hatten oft schwer auszusprechende ausländische Namen, und sofort wurde sie ihnen eingepackt.
Nach der Wende, als dieses Paradies bekannt wurde, stürmte das aufgebrachte Volk der ehemaligen DDR diese durch die Stasi militärisch gesicherte Festung, und es hätte nicht viel gefehlt, dann hätten die zu Recht erregten Bürger angesichts dieser Schweinereien einige von diesen SED-Bonzen aufgeknüpft. Nur der Besonnenheit und dem mäßigenden Einwirken von Vertretern der Kirche und der Bürgerbewegung war es zu danken, daß es damals zu keinem Blutvergießen kam.

Methodisch-didaktisches Spiel (ohne Wertung)

Dieses Spiel soll die Unsinnigkeit der Begriffe Klassen und Klassenkampf sowie der Einteilung der Menschen in Klassen veranschaulichen. Wir sind uns natürlich darüber im Klaren, daß diese Begriffs-Demagogie, die Erfindung von Klassen und Klassenkampf, die so unsägliche Folgen für die Völker des Ostens hatte, nicht mit einem Scherz abgetan werden kann. In den Seelen Ihrer Umschüler aber hat sich dieses militante unselige Begriffspaar durch die ständige Infiltration durch kommunistische Propaganda dermaßen festgefressen, daß ein lustiges Paradoxon vielleicht der Anfang für ein ernsthaftes Überdenken und eine fundamentales In-sich-Gehen sein kann.

Und hier das Spiel:
Drei Umschüler spielen eine Stipendium-Zuteilungs-Kommission. Die anderen Schüler spielen Studenten, die einen Antrag stellen. Sie müssen die Berufe ihrer Eltern angeben, und die Kommission teilt ihnen die Höhe des Stipendiums mit.
Zum Schluß kommen Sie an die Reihe. Ihr Vater ist ein Schrankenwärter bei der Bahn. Dazu zu Ihrer Information:
In der ehemaligen DDR bekamen Arbeiterkinder 250 M Stipendium, Kinder von Angestellten 150 M. Bei der ehemaligen Reichsbahn gab es Arbeiter und Angestellte. Die im Güterverkehr Tätigen waren Arbeiter, die im Personenverkehr Angestellte. Ein Schrankenwärter ließ Güter- und Personenzüge durch. Wieviel Stipendium erhielt sein Sohn?

a) 250 M wie ein Arbeiterkind
b) 150 M wie das Kind eines Angestellten
c) 200 M als Kompromiß

Fragebogen zu Thema 4 Punkte

1. Der Marxismus-Leninismus besteht aus zwei Teilen, aus	
a) Materie und Bewußtsein	0
b) dialektischem und historischem Materialismus	5
c) Parolen und Phrasen	10
2. Der Marxismus-Leninismus behauptet fälschlicherweise, die Menschheit bestehe aus zwei Klassen. Das sind	
a) Frauen und Männer	0
b) Ausbeuter und Ausgebeutete	10
c) Arme und Reiche	5
3. Die Skalven in der Antike waren	
a) ausschließlich römische Kriegsgefangene	0
b) aus allen Ländern Zusammengekaufte	10
c) Verlierer beim Würfelspiel	5
4. Die wahren und glaubwürdigen Quellen für den Bauernaufstand des 16. Jahrhunderts sind	
a) Verhörprotokolle Gefangener nach der Niederlage	10
b) die ideologischen Pamphlete der Rädelsfüher	5
c) die Hirngespinste marxistischer »Historiker«	0
5. Politische Gefangene in der DDR	
a) gab es nicht	0
b) wurden als Kriminelle gezählt und behandelt	10
c) wurden vom Westen freigekauft	5
6. **In der DDR gehörten zur Arbeiterklasse**	
a) die sich nach der Arbeit duschen mußten	5
b) die tatsächlich Arbeitenden	0
c) SED- und Staatsfunktionäre	10
7. Wie reagierte das einfache Volk der ehemaligen DDR auf die Privilegien der SED-Bonzen?	
a) Man zog sich in Nischen zurück	5
b) Die Privilegien wurden den SED-Bonzen gegönnt	0
c) Das einfache Volk der ehemaligen DDR erhob sich am 17. Juni 1953 zu einem Volksaufstand, ging nach dessen Niederschlagung bis zum Bau der Mauer 1961 in den Westen und machte dem kommunistischen Spuk im Herbst 1989 ein Ende	10

Auswertung: Höchstpunktzahl 70: ausgezeichnet; 65 Punkte: sehr gut; 60 Punkte: gut; 50–55 Punkte: ausreichend; unter 50 Punkte: ungenügend.

Thema 5
Wahrheit und Lüge
Propaganda und Alltag im Sozialismus/Kommunismus der ehemaligen DDR

Methodisch didaktische Hinweise für die Damen und Herren Kursleiter

In dieser Lektion wird ein Testat, eine Art Klassenarbeit geschrieben. Es geht bei diesem Testat um das Thema: Was ist der Unterschied zwischen dem **Ideal**, wie es laut SED-Propaganda zu sein hatte, und dem Gegenteil, der **Wirklichkeit**.

☛ Das Propaganda-Ideal der Kommunisten ist in der folgenden Tabelle die Antwort a) und die Wahrheit die Antwort b). Das wird Ihnen bei der Zensierung eine Menge Zeit sparen helfen.
Außerdem haben wir, um Irritationen vorzubeugen, sei das gesagt, bisweilen auf charakterisierende, d.h. wertende Attribute verzichtet, um den Schwierigkeitsgrad des Testates zu erhöhen. So werden beispielsweise die Volkszählungen im Kommunismus, die sogenannten Wahlen, fälschlicherweise, aber absichtlich, als Wahlen bezeichnet. Auch das menschenverachtende Spitzelsystem wird in der Überschrift falsch, aber wertfrei als »Sicherheit« bezeichnet. Damit wollten wir erreichen, daß Ihre Umschüler nicht schon aus den Formulierung der Überschriften die richtigen Antworten ablesen können.
Möglicherweise werden Sie sich, verehrte Damen und Herren Kursleiter, auch Gedanken zum Sinn dieses Testates machen. Sie werden sich fragen: »Wissen meine Umschüler nicht selbst ganz genau, was sie dem Volk vorgelogen haben und was wirklich Tatsache war?« Diese Frage ist vollauf berechtigt. Aber Sie sollten wissen, daß das Unterdrükkungs-System des Kommunismus raffinierter ausgeklügelt war, als es auf den ersten Blick erscheint. Nicht jeder von den SED-Funktionären durfte über alles Bescheid wissen. Je höher einer allerdings auf der Karriereleiter geklettert war, umso mehr durfte er Kenntnis haben vom System der Manipulation, von den intimen Mechanismen dieses Unterdrückungs-Apparates. Die Kommunisten gebrauchten dazu den Spruch: »Macht ist Wissen«. Unter Ihren Umschülern gibt es aber auch solche, die nicht allzuviel Sprossen erklimmen konnten. Sie kannten nicht alle Tricks und meinten oft gutgläubig, Lügen für Wahrheiten halten zu müssen. Für sie wird also einiges neu und unbekannt sein. Die

Fehlerquote könnte bei diesen Umschülern sehr hoch sein. In solchen Fällen bitten wir Sie, an dieser Stelle ganz besonders eindringlich, diesen Umschülern die Möglichkeit zu geben, die Arbeit wiederholen zu dürfen. ☚

Wir unterteilen die folgende Lektion methodisch in **drei Abschnitte**:

1. Im **ersten** Abschnitt geben Sie bitte eine kurze Erläuterung zur Vorgehensweise. Machen Sie den Umschülern klar, daß das Testat ein Herzstück des Lehrgangs ist.

2. Im **zweiten** Abschnitt teilen sie die Tabellen aus. Die Schüler sollen nur »ja« und »nein« ankreuzen.
Die ausgefüllten Bögen schicken Sie bitte nach der Auswertung ihrem jeweiligen Landesbeauftragten für politische Bildung. Teilen Sie das den Umschülern mit. Gleichzeitig bitten wir Sie, Ihren Umschülern gegenüber zu betonen, daß der Datenschutz gewährleistet ist.

3. Im **dritten** Abschnitt werden, wenn die Testate und die Personal-Bögen eingesammelt sind, die Themenkreise mit Ihren Umschülern besprochen.

☛ Hier können Sie mit der aktive Teilnahme der Schüler rechnen. Ermuntern Sie sie, selbst aus ihrem Leben Beispiele für potemkinsche (sprich »patjomkinsche«) Dörfer zu berichten.
Die Mitarbeit der Schüler ist wichtig, da, wie gesagt, viele von ihnen selbst in der kommunistischen Propaganda, an den verschiedensten Stellen und mit den unterschiedlichsten Kenntnissen ausgerüstet, tätig waren. Ihre eigene Darstellung, eventuell gewürzt mit Kuriositäten und humorvollen Einlagen, wird sie dann leichter diesen Teil ihrer Vergangenheit bewältigen lassen.
Sollten die Umschüler durch die ungewohnte Anstrengung nach dem Testat noch erschöpft sein, überbrücken Sie das Schweigen mit solchen Fragen wie: »Na, war es denn schwer?« oder: »Welcher Komplex hat Ihnen denn am meisten zu schaffen gemacht?«
Leiten Sie dann über mit der Frage: »Hatten Sie denn selbst schon einmal solche oder ähnliche Diskussionen?« oder: »Haben Sie damals auch so ähnlich mit Andersdenkenden diskutieren müssen?«
Sie werden bemerken, daß Ihre Schüler sich dann rege beteiligen werden und Sie Mühe haben, die Lektion abzubrechen, da die Zeit herum ist. ☚

Anpassungs-Fortbildungslehrgang
Testat Wahrheit und Lüge in der ehemaligen DDR

Name des Schülers .... Datum ....

1. Die Wahlen

1a) Es waren demokratische Wahlen, es gab Wahlkabinen.
O ja O nein

1b) Wer in die Kabine ging, wurde aufgeschrieben.
O ja O nein

2a) In den Kabinen lagen Bleistifte zum Ankreuzen.
O ja O nein

2b) Wenn Bleistifte dalagen, waren die Spitzen abgebrochen.
O ja O nein

3a) Man konnte mit mitgebrachten Bleistiften Kandidaten ankreuzen und durchstreichen.
O ja O nein

3b) Diese Stimmzettel wurden nicht gezählt.
O ja O nein

4a) Die Abgeordneten stellten sich vor der Wahl zu freimütigen Aussprachen den Sorgen der Bürger.
O ja O nein

4b) Wer grundsätzlich Kritik übte, wurde registriert. Kleinere Mängel wurden notiert und danach in den Papierkorb geworfen. Deshalb ging kaum jemand freiwillig in diese Versammlungen.
O ja O nein

5a) Die Abgeordneten vertraten die Interessen der Bürger.
O ja O nein

5b) Die Abgeordneten mußten die Anweisungen der SED-Funktionäre ausführen.
O ja O nein

6 a) Das System der Blockbildung in der Nationalen Front garantierte die Vertretung aller Klassen und Schichten des Volkes bei der Ausübung des Mandats.
O ja O nein

6 b) Die SED bestimmte vor den Wahlen, welche »Kader« der anderen Parteien gewählt werden. Sie verteilte die Posten.
O ja O nein

7 a) Die Stimmauszählung war öffentlich, die Ergebnisse wurden weitergeleitet und fanden sich im Endergebnis.
O ja O nein

7 b) Das Wahlergebnis wurde vorher vom Politbüro der SED festgelegt. Die Ergebnisse hatten nichts mit der tatsächlichen Wahl zu tun, es war Wahlfälschung. Besonders augenfällig wurde sie bei den letzten Wahlen in der ehemaligen DDR. (Stichwort Wahlfälscher Hans Modrow)
O ja O nein

2. Die innere Sicherheit

1 a) Jeder demokratische Staat hat einen Geheimdienst, auch die BRD. Die DDR war ein demokratischer Staat.
O ja O nein

1 b) Schon der römische Staatsmann Cicero sagte, politische Verbrechen sind zu bekämpfen, bevor sie begangen werden. Danach ist es zu spät. **Aber:** der BND und der Verfassungschutz werden vom Deutschen Bundestag demokratisch kontrolliert, während die Stasi als Nachfolgeeinrichtung des Stalinschen KGB willkürlich schalten und walten konnte.
O ja O nein

2 a) Das Ministerium für Staatssicherheit (MfS) wurde demokratisch von der Parteiführung (Politbüro der SED) kontrolliert. Es war »Schild und Schwert der Partei«.
O ja O nein

2 b) Die Stasi war ein Staat im Staate. Von Demokratie kann weder bei der Stasi noch der SED die Rede sein. Die Ausspitzelung der eige-

nen Bevölkerung war im Sinne der SED-Führung.
O ja O nein

3 a) Ein Geheimdienst, der nicht geheim ist, ist kein Geheimdienst. Er hat keine Erfolge. Das MfS war, neben dem israelischen Mossad, der erfolgreichste Geheimdienst aller Zeiten.
O ja O nein

3 b) Deshalb ist die DDR auch untergegangen. Erfolge können auch demokratisch erzielt werden. Die Aufdeckung der sowjetrussischen Atomschmuggel-Mafia (Plutonium-Schmuggler) durch den Geheimdienst der Bundesrepublik Deutschland ist ein gutes Beispiel dafür.
O ja O nein

4 a) Das Ministerium für Staatssicherheit bekämpfte vor allem Agenten und Spione aus dem kapitalistischen Ausland, die den Untergang der DDR wollten.
O ja O nein

4 b) Die Stasi beschnüffelte vor allem die eigenen Bürger. Durch ein System von Millionen von freiwilligen Schnüfflern, von informellen Mitarbeitern (IM) oder sogenannten Offizieren im Besonderen Einsatz (OiBE) wurde die Bevölkerung in Schach gehalten. Es wurde Angst erzeugt, Andersdenkende landeten in Stasi-Zuchthäusern.
O ja O nein

5 a) Das MfS stand auf der gesetzlichen Grundlage der DDR.
O ja O nein

5 b) Das MfS stand auf den Gesetzen, um sie mit Füßen zu treten. Die Stasi hatte eigene Gesetze. Sie kümmerte sich nicht um Recht und Gesetzlichkeit.
O ja O nein

6 a) Die Genossen des MfS handelten uneigennützig, politisch motiviert, im Dienste der Sache. Sie werden heute für ihre politische Überzeugung durch Siegerjustiz und Rentenstrafrecht verfolgt.
O ja O nein

6 b) Die meisten Stasi-Mitarbeiter schafften nach der Wende große Tei-

le des Volksvermögens der ehemaligen DDR für sich privat beiseite. Durch alte Seilschaften haben sie sich wieder in hohe Positionen in Wirtschaft und Politik eingenistet. Ihnen geht es wieder am besten im Osten. Die Kritik solcher verdienstvollen Bürgerrechtler wie Bärbel Bohley und Freya Klier, die sich auf beweisbare Tatsachen stützt, ist nur allzu berechtigt.
O ja O nein

3. Die äußere Sicherheit

1a) Der antifaschistische Schutzwall war keine gewöhnliche Landesgrenze, sondern die Nahtstelle zwischen Kapitalismus und Sozialismus, die Trennungslinie zwischen zwei Militärblöcken, der NATO und dem Warschauer Pakt.
O ja O nein

1b) Die Grenze wurde geschlossen, weil soviele in den Westen wollten. Die DDR war ein Gefängnis, der passende Begriff ist Gefängnis-Mauer. Das Wort »Nahtstelle« ist ein nebulöser Schwiemel-Begriff aus der Schneidersprache. Er diente zur Verschleierung. Für die Reisenden aus der Freien Welt war, abgesehen von zeitweiligen Schikanen, die Grenze immer offen. Für die aus dem Osten war sie zu.
O ja O nein

2a) Diese System-Grenze reichte von der Sowjetunion/Finnland bis nach Bulgarien/Türkei. Die Sicherungsanlagen waren überall gleich. Nur die Grenzorgane der DDR, einfache wehrpflichtige Grenzsoldaten, werden heute dafür bestraft.
O ja O nein

2b) Offizieren und Generälen sowie deren Hintermännern wird jetzt der Prozeß gemacht. Daß die einfachen Mauerschützen zuerst verurteilt wurden, hängt damit zusammen, daß die Beweisführung bei den Schreibtischtätern schwieriger ist. Wie die anderen Staaten mit ihren Todesschützen umgehen, ist deren Sache. Unser freiheitliches Rechtssystem verhilft den Opfern und ihren Angehörigen zu ihrem Recht.
O ja O nein

3a) Über einhundert Offiziere und Soldaten der DDR-Grenztruppen

ließen bei der pflichtgemäßen Ausübung ihres Dienstes ihr Leben. Sie wurden heimtückisch von westlichen Banditen ermordet. Darüber spricht niemand, keiner dieser Morde wurde je verfolgt oder gar geahndet.
O ja O nein

3 b) Hier hat die Justiz angemessen reagiert. Potentiellen Mördern das Handwerk zu legen, ist kein Verbrechen.
O ja O nein

4 a) Der sogenannte Schießbefehl unterschied sich in keinem Wort von der Anweisung zum Schußwaffengebrauch des Bundesgrenzschutzes. Wer sich unerlaubt in die Nähe der Grenzanlagen begab, wußte, was ihn erwartete. Wer sie illegal überwinden wollte, war ein Selbstmörder.
O ja O nein

4 b) Wer die Opfer an der Mauer als Selbstmörder verhöhnt, macht sich mitschuldig. Siebzehn Millionen, ein paar SED-Funktionäre ausgenommen, wollten über die Mauer in die Freiheit. Nur wenige hatten den Mut, das in die Tat umzusetzen. Wer von dem Wunsch nach Freiheit beseelt war, vom SED- und Stasiregime genug hatte und wer an diesem Gefängnis DDR seelisch zu Grunde ging, den störten auch keine Selbstschußanlagen, keine Minen und kein Stacheldraht. Diese mutigen Männer und Frauen waren die Vorkämpfer der Revolution des Herbstes 1989. Wer sein Leben dabei opfern mußte, verdient unseren Respekt. Vor dem verneigen wir uns in ehrfurchtsvollem Gedenken.
O ja O nein

4. Die Mieten

1 a) In der DDR waren die Mieten sehr billig. Für eine gute Drei-Raum-Altbauwohnung zahlte man höchstens 100 Mark.
O ja O nein

1 b) Durch diese Scheinmieten bekam der Hauseigentümer kein Geld, um sein Haus instandzuhalten. Die Folgen sehen wir heute: marode, heruntergekommen Städte, die heute mit Milliarden unserer Steuergelder saniert werden müssen.
O ja O nein

2 a) Für eine gute Drei-Raum-Neubauwohnung zahlte man höchstens 120 Mark.

O ja O nein

2 b) Mehr war sie auch nicht Wert. Pfusch beim Bau, Asbest und der niedrige Ausstattungs-Standard sind Schuld daran, daß heute mit einem umfassenden Sanierungsprogramm diese Neubauten Schritt für Schritt asbestfrei gemacht und dem normalen westlichen Standard von Sozialwohnungen (Innentoilette, Bad oder Dusche, Zentralheizung und fließend warmes Wasser) angeglichen werden müssen.

O ja O nein

3 a) Niemand war obdachlos, mußte unter einer Brücke schlafen. Selbst wer die Miete nicht bezahlte, durfte nicht auf die Straße fliegen. Wohnen ist Menschenrecht.

O ja O nein

3 b) Durch die enormen Mietschulden, oft mehrere Millionen, konnten die Wohnungsgesellschaften ihre Kredite an den Staat nicht zurückzahlen. Diese Schulden übernahmen dankenswerterweise im Jahre 1990 für einige Zeit die Banken. Heute muß sie, plus den rechtmäßigen Zinsen, unser Staat von unseren Steuergeldern zurückzahlen.

O ja O nein

5. Die Arbeit

1 a) Die DDR zählte laut Statistik zu den zehnführenden Industrienationen der Welt.

O ja O nein

1 b) Es gibt drei Arten von Lügen: die Lüge, die Notlüge und die Statistik. Selbst SED-Funktionäre mußten nach der Wende zugeben, daß die Wirtschaft der ehemaligen DDR kurz vor dem Kollaps stand.

O ja O nein

2 a) In der DDR hatte jeder Arbeit. Mehr noch, es herrschte permanenter Mangel an Arbeitskräften. Arbeit ist ein Menschenrecht.

O ja O nein

2 b) Die Produktivität der Arbeitnehmer war, gemessen an westlichen Verhältnissen, verschwindend gering. Der Grad der Automatisierung war sehr niedrig, das meiste mußte mit der Hand gemacht werden und war Ausschuß. Hinzu kam eine verheerende Arbeitsmoral. Arbeitnehmerinnen gingen während der Arbeit einkaufen oder zum Friseur, Arbeitnehmer in die Gaststätte.
O ja O nein

3 a) Viele DDR-Betriebe exportierten auch ins kapitalistische Ausland. Nach der Wende wurden sie von der Treuhand für eine Mark verkauft. Die neuen Besitzer aus dem Westen erklärten sie für bankrott, nahmen die Kundenkarteien, verkauften die Grundstücke und machten sich aus dem Staub.
O ja O nein

3 b) Der Export von Waren in den Westen war für die ehemalige DDR ein Verlustgeschäft aus Devisenmangel. Der gute Wille vieler Unternehmer aus den alten Bundesländern, die maroden Betriebe durch Milliarden-Investitionen erst einmal konkurrenzfähig zu machen, konnte durch einen hohen Kaufpreis nicht bestraft werden. Daß nach gründlicher Analyse der Marktsituation in vielen Fällen umdisponiert werden mußte, ist der betriebswirtschaftliche Normalfall. Da es sich bei den übernommenen Firmen um branchenverwandte handelte, waren die neuen Firmeninhaber auch in der Lage, frühere vertragliche Verpflichtungen dieser maroden Betriebe ihren alten Kunden gegenüber einzuhalten. Dabei ging es meist um Ersatzteile, deren Fehlen vor allem in den Ländern der Dritten Welt zu Hungerkathastrophen geführt hätte. Wenn Grundstücke verkauft werden, müssen Steuern gezahlt werden. Diese Steuergelder wurden und werden in den Osten gepumpt, um davon Umschulungslehrgänge wie diesen, Arbeitslosengeld bzw. -hilfe sowie Sozialunterstützung zu bezahlen.
O ja O nein

4 a) Die DDR war eine der wenigen Industrienationen der Welt, die sich selbst ernährte. Die DDR-Landwirtschaft hatte Weltniveau.
O ja O nein

4 b) Besonders im Winter gab es keinerlei Obst und Gemüse. Die Auswahl an Fleisch- und Wurstsorten war äußerst begrenzt. Manchmal gab es in ganzen Regionen wochenlang kein Fleisch. Diesem

Mangel an Fleisch wurde bei der Wurstherstellung abgeholfen, indem streckende Zusätze, wie eine Unmenge von Gewürzen u. ä., verwendet wurden. Die Zahl der in der zwangskollektivierten Landwirtschaft Beschäftigten war zehnmal höher als heute in den freien Agrar-Genossenschaften. Hinzu kam eine unsinnige Subventionierung der Lebensmittel, die eine Effektivität in der Landwirtschaft verhinderte.

O ja O nein

6. Die Gesundheit

1a) In der DDR war jegliche Leistung auf dem Gebiet der Gesundheit kostenlos. Krankenstand und Lebenserwartung entsprachen denen der früheren BRD.

O ja O nein

1b) Ärzte und Krankenschwestern bekamen einen Hungerlohn. In den staatlichen Arztpraxen, Krankenhäusern und Politkliniken gab es keinerlei technische Geräte. Der jämmerliche Bauzustand der Krankenhäuser, Pflege- und Kurheime in den neuen Bundesländern wird derzeit mit Milliarden unserer Steuergeldern in einen erträglichen Zustand gebracht. Gute Medikamente wurden, wenn man die Möglichkeit dazu hatte, aus dem Westen besorgt. SED-Funktionäre hatten Spezial-Krankenhäuser, die sämtliche Geräte und Medikamente aus dem Westen bezogen. Die Entmündigung durch den Staat, sowie die mangelnde Arbeitsdisziplin (gemütliches Leben) ließen die Menschen auch weniger krank werden.

O ja O nein

7. Die Bildung

1a) Das DDR-Bildungssystem war sozial. Es war nicht nur kostenlos, sondern durch Stipendien hatte jeder mit entsprechender Eignung Zugang zu allen Bildungseinrichtungen.

O ja O nein

1b) Auf besonderen Spezialschulen wurden die Kinder von SED-Funktionären gedrillt. Für alle Fächer gab es einen numerus clausus. SED-Genossen bzw. deren Kinder wurden bevorzugt immatrikuliert. Pfarrerkinder oder Kinder mit religiöser Bindung, die weder Pioniere, noch FDJler waren, die keine Jugendweihe mitmachten oder den Dienst mit der Waffe ablehnten, mußten Hilfsarbeiter werden.

O ja O nein

2 a) Die fehlende höhere Bildung merkt man noch heute bei ehemaligen Kirchenleuten und Bürgerrechtlern.

O ja O nein

2 b) Arroganz ist hier nicht nur falsch am Platz, sondern der Versuch, das Unrechtssystem zu beschönigen, und sich über charakterfeste Mitbürger lustig machen zu wollen, ist beschämend. Deren Herzensbildung ist der der gedankenlosen Mitläufer im ehemaligen DDR-Kommunismus haushoch überlegen. Was die normale Bildung Andersdenkender betrifft, gab es illegale kirchliche Schulen und, auf dem Weg der inneren Emigration, Selbststudien.

O ja O nein

3 a) Das DDR-Bildungssystem war gut. Schließlich sind wir Ossis nicht dümmer als ihr Wessis. Auch von unseren Lehrern ist niemand wegen Dummheit entlassen worden.

O ja O nein

3 b) Kostbare Zeit wurde mit solchen Fächern wie Russisch und Staatsbürgerkunde vertan. Viele Stunden verbrachte man bei Fahnenappellen, politischen Schulungen und Wallfahrten zu kommunistischen Heiligtümern. Bildung ist nicht nur Sachwissen. Sie ist auch Souveränität, mit Wissen umzugehen. Man vergleiche beispielsweise zwei Studenten, der eine mit Ost-Abitur, der andere mit West-Abitur: Sprechen beide über das gleiche Thema, merkt man, daß der Oststudent einen Fakt nach dem anderen herunterstottert, während der Student aus dem Westen sofort über dem Thema steht. Er redet flüssig, ohne Pause, logisch, in großen Zusammenhängen mit allgemeiner Bezugnahme, ohne durch Fakten abzulenken. Bei DDR-Lehrern sind nur die Stasi-Spitzel entlassen worden. Die anderen haben eine Umschulung und Weiterbildung wie diese absolviert.

O ja O nein

Auswertung Richtige Antworten (Wahrheit): 10 Punkte, falsche Antworten (Lüge): 0 Punkte. Höchstpunktzahl 280 Punkte: ausgezeichnet; 270 Punkte: sehr gut; 250–260 Punkte: gut; 230–240 Punkte: ausreichend; unter 230 Punkte: ungenügend.

Landeszentrale für politische Bildung
Anpassungs-Fortbildungslehrgang

Lehrgangsnummer .... Kursleiter/in ....
(Vom Kursleiter auszufüllen)

Name des Schülers ....
(bei Frauen auch Geburtsname)
geb. am : .... in ....
Heutiger Wohnort
(PLZ) .... Straße/Nr ....
Frühere Wohnorte
(PLZ) .... Straße/Nr ....
(PLZ) .... Straße/Nr ....
(PLZ) .... Straße/Nr ....

Frühere Tätigkeit als .... bei ....
Mitglied der SED von .... bis ....
Funktionen in der SED ....
Mitglied und Funktionen in folgenden politischen Blockparteien und Massenorganisationen der ehemaligen DDR ....
....
Angehöriger des Militärs (NVA) von .... bis ....
Letzter militärischer Dienstgrad ....
Mitarbeiter der Stasi (MfS)
a) hauptberuflich ja/nein
b) nebenberuflich ja/nein
c) Mitarbeit bei der Stasi beendet im Jahre ....
d) Überprüfung der Akten durch die Gauck-Behörde ☐ ja ☐ nein

Jetzt angestellt/freiberuflich (Nichtzutreffendes streichen)
Renten- bzw. Pensionsempfänger ☐ ja ☐ nein
Arbeitslosenunterstützung bzw. -hilfe ☐ ja ☐ nein
Sozialhilfe ☐ ja ☐ nein
z.Z. tätig als ....
bei (Adresse) ....

Heute Mitglied einer demokratischen Partei ☐ ja ☐ nein
Ich interessiere mich für die folgende demokratische Partei:
CDU/CSU, FDP, SPD, Bündnis 90/Die Grünen (Zutreffendes unterstreichen)

Ich bin ☐ verheiratet ☐ ledig ☐ geschieden
verheiratet mit ....
(Vor- und Zuname, bei Frauen auch Geburtsname)
Ehepartner besucht ebenfalls Lehrgang ☐ ja ☐ nein

Ort, Datum .... Unterschrift ....

Thema 6
Fata morgana
Der wissenschaftliche Kommunismus

Methodisch-didaktische Hinweise für die Damen und Herren Kursleiter

☛ Beim folgenden Thema handelt es sich um Anschauungen, die besonders tief im Gefühl Ihrer Umschüler verwurzelt sind. Der sogenannte wissenschaftliche Kommunismus bildete das **Kernstück** ihres bisherigen Glaubens, ihrer bisherigen Religion. Es ist deshalb ratsam, sehr behutsam vorzugehen. Zeigen Sie zunächst Verständnis und kommen Sie ihnen gefühlsmäßig etwas entgegen. Vielleicht so: »Die menschliche Unvollkommenheit erzeugt zu jeder Zeit den Wunsch nach einer besseren Gesellschaft. Besonders Menschen, die sich von Natur aus oder von ihrer sozialen Stellung her anderen gegenüber benachteiligt fühlen, wünschen sich, diese Unterschiede aufzuheben. Der Wunsch nach Gleichheit und Brüderlichkeit ist, von den Benachteiligten her, verständlich. Dieser Wunsch mündet in der Sehnsucht nach dem Paradies auf Erden. Solche Sozialutopien gab es schon zu allen Zeiten ...«, u.s.w., u.s.f.
Ihre Aufgabe besteht in dieser Lektion darin nachzuweisen, daß alle bisherigen irdischen Utopien scheiterten, weil sie **scheitern mußten**. Erarbeiten Sie mit den Schülern an Hand der Frage: »Woran scheiterte die Utopie des Kommunismus?« die Gründe dafür.
Versuchen Sie, das **Thema aufzulockern**, Ihre Schüler zu entkrampfen. Das geht mit witzigen Anekdoten, die Sie an geeigneter Stelle einstreuen. Ob Sie aber dieses Mittel einsetzen, entscheiden Sie bitte selbst. Für diesen Bedarfsfall haben wir am Schluß zwei Beispiele für Sie aufgeschrieben.
Dieses Thema ist der Abschluß des ersten Kursteils. Es ist ein guter Übergang zum nächsten Teil. Das Vakuum, das die Ideen des gescheiterten Kommunismus im Kopf und in den Herzen der Schüler hinterläßt, wird im nächsten Kapitel aufgefüllt mit der geistigen Grundlage des Abendlandes, unserem christlichen Glauben. Zuvor gilt es, die zehn zentralen Thesen des Kommunismus auseinanderzunehmen. ☚

These 1
Der Kommunismus ist die höchste Stufe. Er wurde von Marx und Engels entwickelt.

Demnach ist mit dem Kommunismus die **letzte Stufe** der Menschheitstreppe erreicht. Die Einteilung der Geschichte in Treppenstufen zeugt von **wenig** historischem **Sachverstand**. Es ist dumm und anmaßend, die Vergangenheit als »nieder« und die Gegenwart als »höher« zu bezeichnen. Welcher Maßstab gilt da?
Nur weil wir heutigen Menschen Maschinen, Autos und Flugzeuge haben, stehen wir deshalb etwa höher als unsere Vorfahren? Und was heißt das, höher? Ist nicht oft das Gegenteil der Fall? Wer vermag denn heutzutage noch mit einfachen Mitteln eine Kathedrale zu bauen, die Philosophie eines Thomas von Aquin zu erfinden oder sich wie der heilige Augustinus auszudrücken?
Die Kommunisten hatten sich mit dieser Endpunkt-Theorie einen Knüppel zwischen die eigenen Beine geworfen. Sie widerspricht nämlich eklatant ihrer sonstigen atheistischen Seinslehre. Und das ist der Grund: Von dem altgriechischen Philosophen Heraklit hatten sie den Ausspruch übernommen, daß alles fließe (pantha rhei). Die Bewegung, Veränderung, Entwicklung sei, so sagten sie, **unendlich**. Damit meinten sie in ihrem atheistischen Eifer bewiesen zu haben, daß es kein Weltenende, kein Jüngstes Gericht geben werde.
Nun aber soll der **Kommunismus das Ende** sein? Also ist die Welt doch endlich?
Um sich aus diesem Widerspruch herauszuwinden, hatte sich die marxistische Seinslehre (dialektischer Materialismus) einen **sophistischen Trick** ausgedacht.
Die Kommunisten behaupteten: Die Entwicklung ist zwar endlich, aber unbegrenzt. Im Kommunismus ist einerseits Schluß mit der Entwicklung der Menschheit, aber sie geht weiter, Genossen Kommunisten, ohne Grenzen. Im Grunde ist dieser Unsinn bezeichnend für die ganze Hohlheit des theoretischen Systems des Kommunismus. Wenn ihnen irgend etwas nicht in den Kram paßte, erfanden sie Ausreden, nannten es Dialektik und trichterten es den Leuten ein, und die mußten es blind glauben.
Mit diesen **Tricks und Parolen** der kommunistischen Theoretiker, bei denen sie sich ständig auf ihre Propheten Marx und Engels beriefen, taten sie sogar denen Unrecht. Marx beispielsweise hatte sich selbst nämlich **nie konkret** zum Kommunismus geäußert. So schlau war er immerhin. Zwar hieß seine Partei »Bund der Kommunisten«, aber au-

ßer ganz allgemeinen Bemerkungen über die Zukunft der Menschheit hat er sich nicht konkret zum Kommunismus geäußert.

These 2
In der Sowjetunion herrschte der Kommunismus.

Das Wort Kommunismus kommt vom lateinischen communis, was soviel wie gemeinsam, gemeinschaftlich heißt. Die Kommunisten erweiterten diesen Begriff willkürlich, indem sie zur Gemeinsamkeit auch noch die unterschiedslose Gleichmacherei stellten. Alle sollten gleich sein, gleich arm und gleich reich, gleich klug und dumm, mit gleichen Rechten und Pflichten. Wenn man an die **sibirischen Straflager** denkt, in denen alle Häftlinge gleich waren, dann herrschte im ehemaligen Sowjetrußland tatsächlich bereits der Kommunismus. Ebenso stimmt es, daß dort schon teilweise Kommunismus herrschte, wenn man das **paradiesische Wohlleben** der Kreml-Funktionäre (Nomenklatura) bedenkt. In den Spezialläden in ihren vom Volk abgeschirmten Bonzen-Ghettos bekamen sie doch für umsonst alle schönen und begehrenswerten Dinge der Welt.
In einzelnen Bereichen Sowjetrußlands herrschte also schon, wie gesagt, der Kommunismus. Das **Volk** hatte die **Kosten** für diesen Kommunismus zu bezahlen. Das trifft sowohl für den **Luxus ihrer Herrscher** zu, als auch für deren illusorische, **ehrgeizige Pläne**. Diese Kreml-Funktionäre wollten sich, wie einst die ägyptischen Pharaonen, schon zu Lebzeiten riesige Denkmäler errichten lassen. Die sogenannten Großprojekte des Kommunismus, beispielsweise die Entwicklung der für die Aufrüstung nötigen Schwerindustrie oder die naturzerstörende und sinnlose Nutzlandgewinnung, sollten von ihrem Ruhm künden. Diese Projekte und die militärische **Überrüstung** des Ostblocks, aber auch die für die Wirtschaft der Sowjetunion sinnlosen **Weltraumexperimente**, die ebenfalls nur für militärische Zwecke gedacht waren, der aufgeblähte **Polizei**- und Militärapparat sowie der allgegenwärtige Geheimdienst **KGB**, all das saugte sämtliche Staatsmittel auf.
Das einfache Volk mußte diesen Unsinn bezahlen und lebte in tiefster Armut, weit unter dem Lebensstandard der westlichen Welt. In Sowjetrußland war es noch schlimmer als in einem **Entwicklungsland**. Es hat sich bisher nur wenig geändert, da die **Reformen** zur Einführung der freiheitlichen Demokratie sowie der sozialen Marktwirtschaft nur ganz zögerlich greifen. Schuld daran ist der massive Widerstand der unverbesserlichen altkommunistischen Betonköpfe, der einstigen Funktionärskaste, die versuchen, das Volk durch Lügen und geschürte Zu-

kunftsängste auf ihre Seite zu ziehen. Sie wollen nicht wahrhaben, daß ihre Uhr ein für allemal abgelaufen ist. Durch den Wahlsieg des Präsidenten Jelzin aber ist zumindest der Hauptweg für demokratische Reformen in Sowjetrußland für die nächsten Jahre offengeblieben.

These 3
Unsere Welt erlebt den Siegeszug des Kommunismus.

Als in den sechziger und siebziger Jahren unseres Jahrhunderts einige Staaten **Asiens und Afrikas** in ihre Unabhängigkeit entlassen wurden, suchten diese Staaten wirtschaftliche Hilfe bei Ländern, die ihnen **zinsgünstige Kredite** gewährten. Hier erspähten die Kommunisten eine gute Chance, schrittweise ihre Theorie von der **Weltrevolution** in Angriff zu nehmen. Kommunistische Länder wie China, Sowjetrußland und die anderen Ostblockstaaten gewährten deshalb diesen unabhängig gewordenen Staaten nicht nur zinslose Kredite und lieferten ihnen zunächst kostenlos Waren, sondern sie versuchten, überall in diesen Ländern **direkten Einfluß** zu gewinnen. Sie schickten neben Ärzten und Lehrern vor allem Militärs und Geheimdienstagenten. Die Absicht war klar. Sowohl durch diese Leute als auch durch die Kredite und Warenlieferungen, von den Kommunisten verlogen als »Solidarität« deklamiert, wollten sie ihren Fuß in die Tür dieser Länder setzen.
Sie nutzten die dadurch entstandene **wirtschaftliche Abhängigkeit** der »Jungen Nationalstaaten« aus, um diese Länder politisch zu erpressen. Schamlos stachelten sie die Eingeborenen an, ihre uralten Stammesfehden auflodern zu lassen und hetzten sie so gegeneinander. Sie schürten diese bewaffnete Konflikte vor allem deshalb, um durch Waffenlieferungen an alle Seiten die Abhängigkeit dieser Länder noch zu erhöhen. Am Ende solcher Kriege, wenn das entsprechende Land völlig am Boden lag, wollten sie als Retter auftreten und ihnen hörige Strohpuppen auf die Staatsthrone setzen. In vielen Fällen gelang das leider auch (so in Angola, Äthiopien, Afghanistan, Jemen, Kambodscha, Laos, Moçambique u.a.). Aus Dank verkündeten diese **Marionetten des Kreml**, daß ihre Länder einen »sozialistischen Weg« einschlagen würden. Das wurde von den Sowjet-Ideologen als »weltweiter Siegeszug des Kommunismus« verkündet.
Der Zusammenbruch des Sozialismus traf auch diese Länder. Ihre **Diktatoren wurden verjagt**, und die Folgen einer jahrzehntelangen sozialistischen Mißwirtschaft müssen nun mit Hilfe der Weltbank und der großzügigen Entwicklungshilfe der Länder der Freien Welt allmählich beseitigt werden.

These 4
Der Kommunismus beendet die Teilung der Menschheit in Klassen und die Ausbeutung.

Da die Einteilung der Menschen in »Klassen« ein kommunistisches Hirngespinst ist, eine **Erfindung von Marx und Engels** aus dem 19. Jahrhundert, können ihre Epigonen die Klassen im Kommunismus auch wieder abschaffen. Aus dem gleichen Grund kann dann bitte schön die Ausbeutung des Menschen durch den Menschen im Kommunismus beendet werden. Wenn es Ausbeutung überhaupt jemals gegeben hat, dann im Sozialismus/Kommunismus. Hier wurden, wenn man schon von »Klassen« reden will, diese beseitigt, als man im Herbst 1989 die Mauer um die Luxus-Siedlung der SED-Spitze in Wandlitz einriß und niedertrat.

These 5
Jeder nach seinen Fähigkeiten, jedem nach seinen Bedürfnissen.

Diese These soll bedeuten, daß im Kommunismus jeder seinen Fähigkeiten gemäß arbeitet und seinen Bedürfnissen gemäß entlohnt wird. Was ist davon zu halten? Zunächst die Frage nach den Bedürfnissen. Da es im Kommunismus angeblich **kein Geld** mehr gibt, erfolgt die Entlohnung in Waren. Jeder kann also im Geschäft so zulangen, wie er will, bis er seine Bedürfnisse befriedigt hat, wie einst in den Kaufläden der kommunistischen Partei-Spitzenfunktionäre. Die hatten nämlich nur mal probiert, ob das geht. Aber im Ernst: Dieser Kommunismus erinnert an das Märchen vom Schlaraffenland. Zugegeben, Märchen sind etwas Schönes, für das einfache Volk war das ein tröstlicher und verführerischer Traum, mehr jedoch nicht. In dieser Frage aber entpuppt sich diese Vision der Kommunisten als das, was sie in Wirklichkeit ist, eine großangelegte Lüge, eine Volksverdummung. Was sie unverschämterweise der Religion immer untergeschoben hatten, nämlich Opium für das Volk zu sein, das waren sie.

Nach dem Motto: »Haltet den Dieb'« hatten die Kommunisten eine Pseudoreligion von einem Paradies auf Erden erfunden, öffentlich Wasser gepredigt und heimlich Wein – oder vielmehr Wodka – getrunken und diese Haltung uns, unserer wahren Religion, dem christlichen Glauben und seinen Würdenträgern, den Priestern und Bischöfen, angedichtet, um sie zu verunglimpfen. Sie, die **Kommunisten** sind es, die die Menschen auf **später vertrösten**, um sich selbst in der Gegen-

wart das zu gönnen, was sie anderen für die Zukunft vorlügen. Sie wissen doch ganz genau, daß das alles ein Märchen ist.
Nun zur Frage der Fähigkeiten. Jeder soll im Kommunismus angeblich die Arbeit bekommen, die seinen Fähigkeiten entspricht. Was gibt es eigentlich im Kommunismus für Arbeitsplätze? In den Kaufhäusern beispielsweise spart man die Kassiererinnen, weil es ja alles für umsonst gibt, wer aber füllt dann die Regale? Für solche primitive Arbeiten wird sich doch ein Kommunist mit seinen grandiosen Fähigkeiten nicht hergeben! Gibt es überhaupt noch Menschen, die die lebensnotwendigen, aber einfachen Tätigkeiten wie Traktor fahren, Müll und Abwässer entsorgen, Straßen reinigen u.s.w. übernehmen wollen?
»Jeder nach seinen Fähigkeiten«, mit dieser Maxime hätte man im sozialistischen Kommunismus schon anfangen können. Das Gegenteil wurde aber praktiziert. Je weniger Fähigkeiten einer besaß, umso höher war sein Amt, seine Verantwortung. Entscheidend für die Karriere war das SED-Parteibuch und das Fehlen eines Rückgrates.

These 6
Die Arbeit, durch Technik geadelt, wird im Kommunismus für den Menschen zu einer Quelle der Freude.

Diese unsinnige Idee konnte nur in einem wirtschaftlich und geistig **unterentwickelten Land** entstehen und auch nur dort geglaubt werden. Nur in einem Land, in dem es hinten und vorn an Geist und Technik mangelte, konnte man sich trauen, so etwas in die Welt zu setzen. Bei uns im Westen wäre niemand auf so eine Idee gekommen, Arbeit, welcher Art auch immer, als Freudenquell zu bezeichnen. Man hätte ihn schallend ausgelacht. Im Kommunismus aber, wo man fast alles mit der Hand machen mußte, träumten die Menschen natürlich davon, daß eines Tages ihre Arbeit leichter werden würde.
Dazu folgendes Beispiel: Als der sowjetrussische Partei- und Staatschef Chruschtschow einst bei einem Staatsbesuch in Dänemark auf einem großen Bauernhof war, staunte er über die viele Technik. »Wenn wir so weit sind«, rief er begeistert aus, »dann haben wir den Kommunsismus!« Na prima, danach hatten wir im Westen schon den Kommunismus. Was uns allerdings dazu noch fehlte, war, daß wir uns weigerten, unsere Betriebe und Bauernhöfe zu verstaatlichen und den kommunistischen Parteibonzen zu überlassen. Es hätte nicht lange gedauert, und wir wären durch deren Desorganisation (sprich »durch die kluge Führung der Partei«) wieder in der kommunistischen Steinzeit gelandet.

Aber auch hier wieder zum Ernst: Die menschliche Arbeit kann und wird nie eine Quelle der Freude sein. Das wußten die Kommunisten ganz genau, und deshalb haben sie selbst ja auch nie gearbeitet. Die Arbeit ist immer Mühe, mit körperlichem oder geistigem Schweiß verbunden. Schon in der Heiligen Schrift heißt es dazu: **»Im Schweisse deines Angesichtes sollst du dein Brot essen.«** Wirkliche und wahrhafte Quellen der Freude sind nicht weltliche Dinge, ist nicht der Erwerb irdischer Weisheit und Güter. Sie sind unvollkommen und vergänglich. Der wahre Quell unserer Freude besteht in Gott, unserem Herrn, und in seiner Erlösung des Menschengeschlechts. **Glaube, Hoffnung und Liebe**, das sind die wahren Quellen unserer Freude.

These 7
Der Kommunismus ist der Sprung von der Notwendigkeit in die Freiheit.

Die Idee, die beiden Begriffe Notwendigkeit und Freiheit in Beziehung zu setzen, stammt von dem deutschen Philosophen **Hegel**. Er definierte die Freiheit als eine Einsicht in die Notwendigkeit. Marx hätte, so behaupteten nun seine Jünger, »Hegel vom Kopf auf die Füße gestellt«. Dem ist beileibe nicht so, denn Marx hat Hegel lediglich **mißverstanden**. Was heißt das nun im Einzelnen? Wenn man etwas vom Kopf auf die Füße stellt, bedeutet das, man dreht etwas um. Demnach drehte Marx den Hegelschen Satz um in »Notwendigkeit ist die Einsicht in die Freiheit«. Das ist blanker Unsinn, den niemand versteht. Marx hat also nichts und niemanden »vom Kopf auf die Füße gestellt«.
Freiheit, so sagt Marx, ist die Notwendigkeit zu erkennen und dann danach zu handeln. Ein Prolet, so meint er, der nur einsieht, daß es ihm schlecht geht, ist noch lange nicht frei. Erst wenn er, wie Marx behauptet, die »Kapitalisten verjagt«, ist er frei.
Hegel meinte aber, um beim streng Philosophischen zu bleiben, mit der »Notwendigkeit« etwas völlig anderes. Er meinte damit die »absolute Idee«, man kann auch **Schöpfung** dazu sagen. Der Mensch ist ein Teil dieser Schöpfung. Je mehr er sich nun als Teil der Schöpfung begreift (und selbstverständlich auch danach handelt), umso **freier** ist er. In Hegels Begriff der Freiheit ist also die angebliche Marxsche Erweiterung schon mit drin. Marx hat also den Hegel weder auf die Füße gestellt, ergänzt oder erweitert, sondern, wie gesagt, ihn nur nicht richtig verstanden. Was bedeutet nun dieser Begriff »Freiheit« im Kommunismus, was hat er überhaupt damit zu tun?
Im Kommunismus, und das ist das Kuriose, wurde der echte Freiheits-

begriff von Marx, der zwar nur eine Verflachung des Hegelschen war, **totgeschwiegen**. Er hätte ja bedeutet zu handeln, das heißt, sich vom kommunistischen Zwangsregime zu befreien. Die Kommunisten nahmen also den Hegelschen Begriff der Freiheit, den sie nicht verstanden hatten, **verfälschten** ihn und sagten, er sei von Marx. Das war einfach. Man hatte nur **einzusehen**, daß der »Klassenkampf« den **Bau der Mauer** erforderte, also eine Notwendigkeit war, und schon war man frei und konnte in Gedanken reisen, wohin man wollte. Das war also nichts anderes als ein übler Taschenspieler-Trick. Weil er aber zu billig war, durchschauten ihn viele. Deshalb erfanden die Kommunisten eine angebliche »historische Notwendigkeit«. Sie sei nur zeitweilig und könne irgendwann einmal abgeschafft werden. Die Mauer, so behaupteten die Kommunisten, würde erst dann abgebaut werden, wenn die Bedingungen, die zu ihrer Errichtung geführt hatten, verschwunden wären. Das hieß auf gut deutsch, wenn sie den Westen ihrem Machtbereich einverleibt hätten. Gottseidank ist die Mauer vorher gefallen!
Nun zur Freiheit im Kommunismus: In ihrem dem Volk vorgegaukelten Paradies sollte es nach Meinung der Kommunisten überhaupt keine »Notwendigkeit« mehr geben, keinen Zwang, kein Gesetz und keine Pflicht. Es würde die **ablolute Freiheit** herrschen. Es stünde einem also frei zu atmen, zu essen, sich zu waschen, die Zähne zu putzen, in die Schule zu gehen u.s.w. Ein schöne »Freiheit« für kleine Kinder, wunderbar, wie das gesamte Märchen vom Schlaraffenland.

These 8
Der Kommunismus macht den Menschen zum Beherrscher der Natur.

Diese These der Kommunisten ist nicht nur unsinnig, sondern auch **höchst gefährlich**. Man trifft sie leider bisweilen auch bei Technokraten aus der westlichen Welt an. Was steckt hinter diesem Willen, die Natur beherrschen zu wollen? Diese Hybris, diese **Überheblichkeit** des Menschen der Schöpfung gegenüber ist im Grunde nichts anderes als die **Erbsünde**.
In der Heiligen Schrift wird diese Erbsünde, auch Ursünde genannt, dem damaligen Verständnis entsprechend, etwa so dargestellt: Eva nimmt, von der Schlange (dem Bösen) überredet, vom Baum der Erkenntnis die verbotene Frucht. **»Gott weiß«, sprach die Schlange, »daß, sobald ihr davon esset, euch die Augen aufgehen werden und ihr wie Gott sein und wissen werdet, was gut und böse ist.«** (1. Moses 3,5)

Gott gleich sein zu wollen, seine Schöpfung beherrschen zu wollen, darin besteht diese menschliche Ursünde. Der Kommunismus hatte sich diese Ursünde aufs Panier geschrieben.
»Ohne Gott und Sonnenschein fahren wir die Ernte ein!« stand großsprecherisch an ihren Traktoren. Aber ihre Ignoranz der **Schöpfung gegenüber** war nicht nur ihr Untergang, sondern sie führte vor allem auch zu riesigen Naturkathastrophen. Die Kommunisten ließen Flüsse umleiten, Riesen-Staudämme errichten und Wüsten bewässern. Diese gigantischen Flächen wurden mit überschweren Maschinen und Geräten umgewühlt. Alles unter dem ideologischen Motto: Seht, was der Kommunismus alles kann! **Die Natur rächte sich.**
Aus dem Gleichgewicht geraten, fegten ihre Stürme die fruchtbare, neu gewonnene und tief zerfurchte Ackerkrume hinweg. Was blieb, war der nackte Fels. Vorher nie gekannte Hagelschauer vernichteten Millionen Hektar Waldes, sowohl in Sowjetrußland selbst als auch in anderen Regionen der Erde. Die rapide Zunahme der verheerenden Wirbelstürme in den USA beispielsweise ist nichts anderes als die Folge jener kommunistischen Gewalteingriffe in die globalen Abläufe der natürlichen Gesetze. Rußland steht heute als Folge seines kommunistischen Größenwahns vor der schlimmsten Heimsuchung in seiner Geschichte: Ganze Binnenmeere (Aralsee) und Regionen (Gobi) sind vertrocknet, Wälder verschwunden, aus einst blühenden Landschaften wurden ausgedörrte Steppen und Wüsten.
Es wird mindestens noch ein Jahrhundert dauern, bis diese Folgen des Kommunismus behoben sein werden. Und je mehr wir unsere **Demut** der göttlichen Schöpfung gegenüber wiedergewinnen, je bereiter wir sind, Opfer zu bringen, um diese Verfehlungen der Kommunisten wiedergutzumachen, umso schneller wird die Natur zu ihrem ursprünglichen Gleichgewicht zurückkehren.

These 9
Der Kommunismus beseitigt die nationalen Unterschiede. Alle Menschen werden Brüder. Die Menschheit ist erlöst vom Krieg.

Rußland hatte ja seit 1917 in seinem Imperium vorgemacht, wie der Kommunismus die nationalen Unterschiede beseitigen wollte. Alle nationalen **Eigenheiten** des sowjetrussischen Vielvölkerstaates wurden **gewaltsam abgeschafft**, Sprache und Brauchtum verboten.
Auch in der ehemaligen DDR hat man zur Genüge erfahren müssen, wie mit den deutschen, den nationalen Eigenheiten umgesprungen

wurde. Fast alle nationalen kulturellen Wurzeln wurden nach 1945 herausgerissen, um an deren Stelle russische Birken zu pflanzen. »Von der Sowjetunion lernen, heißt siegen lernen«, nannte man das. Alles geschah nach sowjetrussischem Vorbild und Muster: Erziehung, politische Organisationen, Massenaufmärsche, Sport, kommunistische Familienfeiern wie atheistische Taufen, Jugendweihen, Hochzeiten und Beerdigungen.

Von dieser Art Beseitigung der nationalen Unterschiede, der Zerstörung des Lebens, will niemand mehr etwas wissen. Etwas ganz anderes dagegen ist es, wenn man freiwillig einige Sitten und Gebräuche anderer Länder, die einem gefallen, übernimmt. Das wirtschaftliche und militärische Gewicht von großen und bedeutenden Staaten führt manchmal dazu, daß sich auch ihr kultureller Einfluß auf kleinere Länder auswirkt. Geschieht das freiwillig, wie im Fall der USA und der mit ihr freundschaftlich verbundenen Staaten, ist dagegen überhaupt nichts einzuwenden. Wenn aber unter politisch-militärischem Druck eine kulturelle **Überfremdung** entsteht, wie im Falle Sowjetrußlands und seiner Satelliten, ist das verwerflich.

Zur Frage des Krieges: Wenn der Sowjet-Kommunismus die ganze Welt beherrscht hätte und alle nationalen Unterschiede gewaltsam beseitigt worden wären, dann gäbe es auch keine Kriege mehr. Das stimmt, denn es herrschte Ruhe, **Friedhofsruhe**. Aber ob dann die sowjetrussischen Kreml-Funktionäre aller Freunde und Brüder geworden wären, ist doch zu bezweifeln.

These 10
Der Kommunismus – die lichte Zukunft der Menschheit

Es kursierte unter den Studenten der ehemaligen DDR ein Spruch, der natürlich nur unter der Hand weitererzählt werden durfte: »Was ist der kürzeste Witz? Antwort: **Wissenschaftlicher Kommunismus!**« Dieser Spruch aber trifft den Kern der Sache. **Wissenschaftlich** war am Kommunsimus **gar nichts**. Er war eine atheistische **Pseudo-Religion**, bei der, schließt man die Augen, am Horizont die Sonne aufgehen sollte. Diese Pseudo-Religion wurde nur deshalb erfunden, um das Volk zu verdummen. Die einfachen Menschen sollten hart arbeiten, und ihre Urenkel hätten dann angeblich irgendwann einmal die Früchte dieser Arbeit ernten dürfen. Inzwischen kosteten die kommunistischen Parteibonzen schon einmal von diesen Früchten. Das ist die Wahrheit und nichts anderes. »Die lichte Zukunft« war eines der übelsten Betrugsmanöver in der Geschichte der Menschheit.

☛ Witzige Anekdoten für den Bedarfsfall:

1. **Scherzfrage:** In Sowjetrußland wurden, laut SED-Parteilehrjahr, im Jahre 1930 genau 127 Traktoren gebaut. Ein Jahr später, im Jahre 1931, waren es dort bereits 635 Traktoren. Das war eine Steigerung von 500 Prozent. In den USA steigerte sich dagegen im gleiche Zeitraum die Produktion von Traktoren lediglich um fünf Prozent. Hiermit wurde die »Überlegenheit« des Kommunismus »wissenschaftlich bewiesen«. Angenommen, Sie hätten damals den Mut gehabt, zu fragen, **wie hoch die Anzahl** der in den USA gebauten Traktoren war. Was wäre die Antwort gewesen?
a) die tatsächliche Zahl von 127 000 Traktoren
b) man verbitte sich solch unwissenschaftlichen Fragen
c) eine Vorladung zur Parteikontrollkommission

2. Ein Parteihochschüler kommt nach der Abschlußprüfung im »Wissenschaftlichen Kommunismus« nach Hause. »Na, wie war's?« wird er gefragt. »Ich war der Beste«, sagt er. »Gratulation für die Eins!« »Was heißt Eins, ich habe eine Fünf, die anderen sitzen.«

3. Ein Fahrer fährt zur SED-Kreisleitung und fragt den Pförtner: »Ich soll die Propangas-Kisten abholen, wo stehen die?« »Wen bitte?« fragt der zurück. »Die Propangas-Kisten!« »Du meinst sicher die Propagandisten, Genosse.« »Ja, vielleicht, aber ist doch egal, wie die roten Flaschen heißen!« ☚

Hausaufgabe

Zum Abschluß des ersten Teiles unseres Anpassungs-Fortbildungslehrganges fertigen die Schüler zu Hause ein Quartett-Spiel an. Dazu schneiden sie aus alten Zeitungen Bilder aus und bekleben damit ein normales Kartenspiel, das nicht mehr benötigt wird. Die Themen der Quartette orientieren sich am bisherigen Stoff.
Sinn dieses Spieles ist es, sinnlich den bisherigen Stoff zu verarbeiten. Beim Spiel werden die vier zu einem Quartett gehörenden Karten gesammelt und **abgelegt**.
Zu Beginn der nächsten Lektionen erfolgt die Wertung und das gemeinsame Spiel in Gruppen. Die höchste Punktzahl für das Anfertigen eines gelungenen Kartenspiels ist 320. Dafür müßten die acht Themen folgende bildliche Entsprechung erfahren: (Vorschlag)

Quartett 1 – Rußland
Wolgaschlepper, Trachtengruppe vor Birkenwäldchen, Zar Nikolaus I., Geistlicher (Pope) vor Zwiebelturmkirche.

Quartett 2 – Nachkriegsdeutschland
Trümmerlandschaft, Fotos von Flüchtlingstrecks und verlorenen Gebieten bzw. Städten, VW-Käfer, Fotos amerikanischer Soldaten und russischer Besatzer.

Quartett 3 – Falsche Propheten
Bilder von Marx, Engels, Lenin und Stalin

Quartett 4 – Klassen und Klassenkampf
Leben einer Sippe in der Urgemeinschaft; ein »Sklavenhalter«, der einen Sklaven auspeitscht; ein Bauer, der unter einer Burg den Pflug führt; Eisenwerk, ein Bild des Malers A. Menzel.

Quartett 5 – Wahrheit und Lüge
Bilder von Gefängnissen (Bautzen); das SED-Emblem; ein Bild von der Berliner Mauer; Bilder von maroden Häusern bzw. von Luxusvillen in Wandlitz.

Quartett 6 – Wissenschaftlicher Kommunismus
Ein Sonnenaufgang; diverse Propagandafotos aus der Sowjetunion; Bilder vom »Aufbau« in der DDR bzw. Sowjetunion aus Propaganda-Bildbänden; ein Bild vom Turmbau zu Babel.

Quartett 7 – DDR-Geld
Bilder von 100, 50, 20 und 10 Markscheinen des DDR-Geldes.

Quartett 8 – Verführer
Bilder von Pieck, Ulbricht, Grotewohl und Honecker.

Der Joker (Schwarzer Peter) müßte bei der Erreichung der Höchstpunktezahl ein Bild von Herrn Gysi oder eines anderen Spitzenfunktionärs der PDS sein.

Bewertung des Quartettspieles
Höchstpunktzahl: 320 Punkte; ausgezeichnet
Bedingung – saubere Arbeit, alle o.g. Themen mit wirkungsvollen Bildern umgesetzt, Gysi als Joker

300 Punkte; sehr gut
Bedingung – saubere Arbeit, alle o. g. Themen umgesetzt, PDS-Mann/ Frau als Joker

280 Punkte; gut
Bedingung – saubere Arbeit, alle o. g. Themen umgesetzt, kein PDS-Joker

260 Punkte; ausreichend
Bedingung – dilettantische Arbeit, fast alle Themen umgesetzt, kein PDS-Joker

0 Punkte; ungenügend
Bedingung – lieblose Arbeit, nur einige Themen umgesetzt, kein PDS-Joker

Fragebogen zu Thema 6 Punkte

1. Die Entwicklung ist nach der marxistischen Seinslehre (dialektischer Materialismus)	
a) unendlich	0
b) seit 1989 für die Kommunisten endlich	10
c) durch den Fall der Mauer unbegrenzt	5
2. In Sowjetrußland herrschte Kommunismus	
a) für Strafgefangene und Funktionäre	10
b) für das Volk	0
c) auf dem Papier	5
3. Einige Länder Afrikas und Asiens suchten wirtschaftliche Hilfe im Ostblock	
a) weil sie als »Kolonien« vom Westen »ausgesaugt« worden waren	0
b) wegen billiger Kredite vom Osten	10
c) weil sie erpreßt wurden	5
4. Wer hätte im Kommunismus die Fähigkeiten und Bedürfnisse bestimmt?	
a) jeder selbst	0
b) eine Parteikontrollkommission	10
c) ein Arbeitsamt	5
5. Die Arbeit als Freudenquelle bezeichnen können nur	
a) Künstler	5
b) Arbeiter	0
c) Demagogen, die noch nie gearbeitet haben	10
6. Die verheerenden globalen Naturkatastrophen der letzten Zeit sind	
a) eine Folge des Größenwahns sowjetrussischer Parteifunktionäre	10
b) eine Folge der Erbsünde und die Antwort der Schöpfung auf die Hybris der Menschen	5
c) leicht wieder in den Griff zu kriegen	0

Auswertung: Höchstpunktzahl 60: ausgezeichnet; 55 Punkte: sehr gut; 50 Punkte: gut; 45 Punkte: ausreichend; unter 45 Punkte: ungenügend.

Teil II: Aufbruch

Thema 7
»Du sollst keine fremden Götter neben mir haben«
Über Gott, Religion und Kirche

Methodisch didaktische Hinweise für die Damen und Herren Kursleiter

Ihre Umschüler haben in den vorangegangenen sechs Lektionen erfahren dürfen, daß ihr bisheriger Glaube falsch war. Nun stehen sie vor einem Nichts.
Wir haben das Unkraut der marxistisch-kommunistischen Ideologie aus ihren Köpfen herausreißen und den Boden für Neues bereiten können. In den nächsten sechs Lektionen wollen wir in diesen gerodeten und umgepflügten Boden den Samen der christlich-abendländischen Geisteshaltung einbringen. Möge er eine reiche Ernte bescheren!
Das Thema sieben ist das **wichtigste Thema** der Umschulung. Es ist gleichzeitig auch das umfangreichste. Wir wollen den Schülern die Grundfesten des christlichen Glaubens in seinem heutigen, modernen Kleid vermitteln. Auf diesem Fundament baut dann das Folgende, d.h. ihre neue Lebensgestaltung, auf.

☛ Sie müssen leider davon ausgehen, daß Sie Ihren Umschülern in dieser Lektion eine ihnen unbekannte Welt eröffnen. Für SED-Mitglieder sowie andere staatsnahe Personen und deren Angehörige war eine Beschäftigung mit der christlichen Religion, das Lesen der Bibel und das Führen eines gottgefälligen Lebens streng verboten. Gehen Sie deshalb behutsam vor, Schritt für Schritt, und nehmen Sie Ihre Schüler an der Hand.
Verfestigen Sie den Stoff nach jedem Abschnitt durch Nachfragen. Und lockern Sie dieses doch so ernste Thema wieder durch einige Scherzfragen auf. (Zum Beispiel: »Warum erschlug Abel seinen Bruder Kain?«)
Wenn Sie sich außerstande fühlen sollten, die Fülle des Stoffes in einer Lektion zu behandeln, schlagen Sie den Schülern vor, eine zusätzliche Lektion abzuhalten. Bitte üben Sie dabei keinen Zwang aus, der Hinweis auf die Abschlußprüfung sollte genügen.
Es könnte auch sein, daß Ihr Religionsunterricht schon eine Weile her ist und Sie sich nicht in allen Fragen hundertprozentig sicher fühlen. Die Geistlichen unserer beiden christlichen Kirchen in den neuen Bundesländern, vor allem die der römisch-katholischen Kirche, sind infor-

miert und stehen Ihnen auf Ihre Bitte hin jederzeit zur Verfügung, auch als Gastkursleiter. Wir wollen aber davon ausgehen, daß bei Ihnen ein solides Gebäude von Grundkenntnissen vorhanden ist. Deshalb werden hier die Themenkreise nur stichpunktartig angerissen, zu Ihrer Erinnerung sozusagen.

1. Gibt es einen Gott?

Die Frage, ob es Gott gibt, ist alt. Schon immer spürte der Mensch, daß er unvollkommen ist. Als Geschöpf fragt er nach seinem **Schöpfer**. Deshalb ist die Antwort einfach: **Es gibt einen Gott**. In seiner Liebe hat er sich zu uns Menschen herabgeneigt und zu uns gesprochen.
Erstens sprach Gott zu uns durch seine Offenbarung, durch die Heilige Schrift. Im Alten Testament tat er dies durch die Patriarchen und Propheten des Alten Bundes. Im Neuen Testament (d. h. im Neuen ewigen Bund) sprach er zu uns durch seinen Sohn Jesus Christus und die Apostel. **Was** er uns geoffenbart hat, läßt er uns durch die **Kirche verkünden**.
Zweitens sprach Gott zu uns durch seine **Schöpfung**. Betrachten wir die Natur, die Sterne des Himmels und alle Dinge und Wesen auf der Erde, dann staunen wir über die wunderbare Ordnung, die überall herrscht. Alle Dinge und Wesen haben ihren bestimmten Platz im großen Reich der Natur. Kann das, wie die Atheisten behaupten, alles Zufall sein? Nein. Es muß jemand sein, der diese Ordnung erdacht und verwirklicht hat. Das ist Gott.
Jedes Lebewesen ist ein Kunstwerk. Pflanze und Tier sowie der menschliche Leib sind weise eingerichtet, daß sie leben, wachsen und sich vermehren. Diese weise Einrichtung haben sich die Lebewesen nicht selbst gegeben, Gott schenkte sie ihnen.
Drittens ist in uns die Stimme des **Gewissens**. Sie sagt uns, was gut und böse ist, ob wir es wollen oder nicht. Wir haben uns das Gewissen weder selbst gegeben, noch von anderen Menschen erhalten. Ein heiliger Gesetzgeber muß uns das Gewissen ins Herz gelegt haben.
Trotz dieser drei **unerschütterlichen Beweise** versuchten Menschen immer wieder, Gott zu leugnen und diejenigen, die an ihn glaubten, zu verhöhnen. Die Geschichte des Glaubens ist auch die Geschichte des Atheismus.
In der **Antike** verlachten die Atheisten die heidnische Götzenwelt. Sie bemängelten, daß sich diese Götzen wie Menschen benahmen. Aus der Kritik dieser antropomorphen Götzen (antropomorph, d. h. Götzen in Menschengestalt) entand ihre Naturreligion, deren Götzen Feuer,

Wasser und Luft waren. Unsere Vorfahren, die alten Germanen, beteten in heiligen Hainen auch Natur-Götzen an und opferten ihnen. Allein dem Volk Israels, dem auserwählten Volk, hatte sich der wahre Gott bereits im Altertum geoffenbart.

Zu Beginn der **Neuzeit** versuchten französische Schwarmgeister mit sophistischen Spitzfindigkeiten den Glauben an Gott zu verunglimpfen. Einer ihrer trügerischen Logismen lautete so: Gott ist allmächtig. Also kann er alles schaffen und alles heben. Kann er aber einen so großen Stein schaffen, den er nicht heben kann? Diese Sophisten konnten das Wesen Gottes nicht begreifen. Gott stiftet Sinn, nicht aber Unsinn.

Höhepunkt des Atheismus und des Kirchenkampfes aber war der **atheistische Kommunismus**. Mit brutaler Gewalt wurde der christliche Glaube unterdrückt, um an seine Stelle den Götzendienst des Kommunismus zu setzen.

Die neuen Götzen hießen Marx, Engels, Lenin und Stalin. Ihre Apostel waren die jeweiligen Kreml-Führer und deren Vasallen in den Ostblock-Staaten. Städte und Straßen wurden nach ihnen benannt, die Orte ihrer Geburt und ihres Todes wurden Wallfahrtsziele (Mausoleum), und auf dem Marktplatz jeder Stadt standen ihre Statuen, die neuen Götzenbilder. Ihre Geburts- und Sterbetage waren Staatsfeiertage.

Diese neuen Apostel wußten, daß der **Glaube an sich** zum **Wesen des Menschen** gehört. Er ist nicht Menschen-, sondern Gotteswerk. Der reine Atheismus, das Nichts, genügt dem Menschen nicht.

Deshalb erfanden sie dieses ganze Brimborium, um den Menschen ihre Pseudoreligion schmackhaft zu machen. Gleichzeitig führten sie einen erbitterten Feldzug gegen die wahre, die christliche Religion. In St. Petersburg, dem ehemaligen Leningrad, hatten die Kommunisten eine große Kirche geschändet und in ein »Museum des Atheismus« verwandelt, um das Christentum »wissenschaftlich« zu widerlegen. Hier waren dann auch »Beispiele« für eine angebliche Nicht-Existenz Gottes angeführt. »Ich glaube nur, was ich sehe«, stand da, und »Gagarin war im Himmel, Gott hat er nicht gesehen« las man auf einer anderen Tafel. Hauptziel ihres üblen Spottes aber war die unbefleckte Empfängnis der heiligen Jungfrau Maria. Das wundert nicht, denn die **Marienverehrung** war, wie heute wieder, ein Kernstück des russisch-orthodoxen wie auch des wahren römisch-katholischen Glaubens.

Die Atheisten aller Zeiten glaubten tatsächlich, mit der Jungfrau Maria, der Gottesmutter, einen »Beweis« gegen die göttliche Dreifaltigkeit vorweisen zu können, denn alle Menschen wissen ja, daß Kinder normalerweise nur aus der Vereinigung von Mann und Frau entstehen können. Wir sagen absichtlich: normalerweise! Denn Gottes Wege sind

für uns Menschen unergründlich, demnach gibt er uns gerne in Zeiten der Anfechtung wie heute, wo Tausende täglich die Kirche verlassen, weil sie sie für überholt und parasitär halten, Hinweise auf seine Allmacht – und das mit modernsten Mitteln.
Jahrhunderte-, ja jahrtausendelang war es tatsächlich schwierig, sich die Geburt von Jesus Christus vorzustellen, ohne daß Maria einen sexuellen Akt vollzogen haben sollte. Gerade in unserer Zeit der Wissenschaftsgläubigkeit sind viele ansonsten gute Katholiken deswegen in ihrem Glauben irre geworden, wie z. B. die ehemalige katholische Theologie-Professorin Uta Ranke-Heinemann, die allein aus der Tatsache, daß sie selber drei Kinder empfangen und geboren hat, schlußfolgert, bei Maria müsse das ebenso vor sich gegangen sein. Sie unterstellt der Gottesmutter ein normales Sexualverhalten, das muß man sich mal vorstellen! Zu Recht wurde ihr daher schon vor Jahren verboten, diesen Unsinn auch noch junge Studenten an der Universität zu lehren (leider ist es zur Zeit nicht möglich, sie von Talk-Shows und vom Bücherschreiben abzuhalten).
Aber zurück zur Weisheit Gottes: Als habe er geahnt, daß die Geburt Jesu ohne vorangegangenen Geschlechtsverkehr für moderne Menschen auf die Dauer eine harte Nuß sein würde, hat er vor einigen Jahren unseren Wissenschaftlern einen Wink gegeben, wie die Geburt eines Menschen auch ohne Zuhilfenahme von Geschlechtsverkehr zu bewerkstelligen ist: nämlich durch die in vitro Fertilisation, also die Zeugung im Reagenzglas. So ähnlich muß man sich auch **Mariä Empfängnis** vorstellen: Das »Reagenzglas« ist dabei die Liebe Gottes, der »Samen« der Heilige Geist, die Mutter Gottes eine Art Blumentopf. Nun ist also auch mit modernsten wissenschaftlichen Methoden bewiesen, daß Gottes Allmacht durchaus nicht im Widerspruch steht zum **gesunden Menschenverstand**! Genau das aber behaupteten und behaupten die Atheisten.
Wie wenig Erfolg diese atheistischen Bemühungen hatten, bewies die Geschichte. Die Kirchen Rußlands waren nie so voll wie heute. Der russische Präsident Jelzin, ein ehemaliger Atheist, umgibt sich heute gern in aller Öffentlichkeit mit Würdenträgern der Kirche. Nach dem Zusammenbruch des Kommunismus suchen die Menschen wieder einen **Sinn im Leben**, und ihr tiefes inneres Gefühl zeigt ihnen den **Weg**.

2. Wer glaubt an den rechten Gott?

Der Dichter Lessing läßt in seinem fragwürdigen Theaterspektakel »Die Ringparabel« einen Moslem, einen Juden und einen Christen darüber spekulieren, wer von ihnen an den rechten Gott glaube. Lessing gibt jedem Recht, alle Drei hätten angeblich den wahren Glauben. Lessing wollte damit sein Publikum zu einer zügellosen **Toleranz in Glaubensfragen** verführen. Dieser Nihilismus unter dem Deckmantel der religiösen Toleranz führte letztendlich zum absoluten Atheismus der Kommunisten.

Wir aber sagen: Der **Islam** ist, genauso wie der **Buddhismus**, ein Irrglaube. Beide Religionen haben allerdings dem primitiven kommunistischen Atheismus voraus, daß sie die Welt und den Menschen als Schöpfung begreifen.

Die **Juden** bezeichnete der Heilige Vater bei seinem jüngsten Besuch in Deutschland als die »älteren Brüder der Christen«. Das war nicht immer so. In der Vergangenheit wurden die Juden oft von den Christen geschmäht, weil ihre Vorväter den Sohn Gottes, Jesus Christus, ans Kreuz geschlagen hatten. Dabei wurde manchmal zu sehr vernachlässigt, daß die Juden das auserwählte Volk Gottes sind und daß aus ihrer Mitte unser Erlöser kam. Sein Opfertod ist ein Teil des heiligen göttlichen Planes. Die Juden waren also nur Gottes Werkzeuge. Das Judentum bildet das **Alte Testament** (den Alten Bund) unseres Glaubens und das Wirken Christi und seiner Apostel das Neue Testament (den Neuen Bund). Jeder Jurist weiß, daß bei Testamenten immer das **neue gilt**. So ist es auch in Glaubensfragen.

Und das sind die Grundfesten des wahren chistlichen Glaubens, unser apostolisches Glaubensbekenntnis:

»Ich glaube an Gott, den **allmächtigen Vater**, Schöpfer des Himmels und der Erde, und an Jesus Chistus, seinen eingeborenen **Sohn**, unseren Herrn, der empfangen ist vom Heiligen Geiste, geboren aus Maria, der Jungfrau, gelitten unter Pontius Pilatus, gekreuzigt, gestorben und begraben, abgestiegen zu der Hölle, am dritten Tage wieder auferstanden von den Toten, aufgefahren in den Hmmel, sitzet zur Rechten Gottes, des allmächtigen Vaters, von dannen er kommen wird, zu richten die Lebendigen und die Toten. Ich glaube an den Heiligen Geist, die heilige katholische Kirche, Gemeinschaft der Heiligen, Nachlaß der Sünden, Auferstehung des Fleisches und das ewige Leben. Amen.«

Auch die Christen selbst haben sich im Verlaufe ihrer Geschichte oft gestritten, wie die Heilige Schrift auszulegen sei. Das führte in der Vergangenheit zur Spaltung in verschiedene christliche Kirchen und Sekten. Die folgenreichste Abspaltung von der katholischen Kirche geschah durch Martin Luther. Was zunächst als Reform innerhalb der Kirche gedacht war, geriet später zur Abkehr von der wahren Kirche, wie sie von Jesus Christus gegründet worden war. Dazu jedoch später.

Jesus hatte seine Jünger um sich gesammelt, aus ihnen zwölf Apostel ausgewählt und Petrus zu seinem Stellvertreter auf Erden bestimmt. Die Protestanten verleugneten diesen göttlichen Auftrag und die aus ihm erwachsene göttliche Ordnung und trennten sich von ihr, der allein seligmachenden Kirche. Deshalb ist ihr Priesteramt, sind ihre Weihen und Sakramente vor Gott ungültig. Nach ihrem Tod können evangelische Christen also nicht sofort in die ewige Seligkeit eingehen. Die Lauen unter ihnen werden wie die Atheisten der ewigen Finsternis anheimfallen, während die Gutgläubigen im Fegefeuer eine zeitlang noch büßen müssen. Auch dazu später.

Heute unternimmt deshalb die römisch-katholische Kirche unter dem **Dach der Ökumene** viele Versuche, diese verschiedenen christlichen Glaubensrichtungen und Sekten, die sich im Laufe der Kirchengeschichte oft aus säkularen (d.h. weltlichen, also machtpolitischen und wirtschaftlichen) Gründen von ihr getrennt hatten, wieder in ihren Schoß zurückzuführen.

Angesichts der vielen Opfer, die die Menschheit in all den Kriegen bringen mußte, um die unseligen Folgen der Schismen (d.h. Glaubensspaltungen) zu überwinden, ist der vom II. Vatikanischen Konzil eingeschlagenen Weg der Ökumene die zeitgemäße Form, dem göttlichen Auftrag zu entsprechen, auf daß wieder ein Hirt und eine Herde werde.

Dabei bekennt die Kirche durchaus ihre Sündhaftigkeit, ihre **Unzulänglichkeit**, denn selbst Würdenträger der römisch-katholischen Kirche haben sich in der Vergangenheit sowohl bei der Verkündigung des Wortes Gottes, als auch bei den Versuchen, die Glaubensspaltungen zu überwinden, zu unangemessener Strenge hinreißen lassen. Letztendlich aber war diese Strenge gerecht und in Gottes Sinn, denn sie führte viele Gläubige wieder auf den rechten Weg.

3. Wie kann ich an den rechten Gott glauben?

Nach christlich-theologischem Verständnis ist der Glaube eine **Gnade**. Sie wird dem Menschen nicht automatisch zuteil, er muß sich **darum bemühen**.

Das Wort Religion kommt vom lateinischen »religio«, was soviel wie gewissenhafte Bedenken, Zweifel, Besorgnis und Scheu heißt. All das steckt im Glauben an Gott.

Viele Menschen meinen, auf Grund des Bösen in der Welt, angesichts der vielen Kriege und Ungerechtigkeiten, nicht an Gott glauben zu können. Sie verstehen das Wesen Gottes noch nicht. Gott ist unendlich erhaben über alles Geschaffene, das Gute und auch das Böse. Er liebt

immer das Gute, weil er selbst gut und vollkommen ist. Er haßt und verabscheut das Böse, weil es seinem göttlichen Wesen widerspricht. Aber: Unser Leben ist nach Gottes Wille eine Probezeit. Wir sollen uns hier auf Erden **frei für ihn entscheiden**. Wir können diese Freiheit mißbrauchen und gegen ihn sündigen, Gott läßt die Sünde zu. Er hat ja selbst den Kommunismus eine Zeitlang zugelassen. Am jüngsten Tag aber wird alles Gute und Böse offenbar werden. Gott wird die Bösen für ewig in die Hölle verstoßen, die Guten aber werden ewig sein heiliges Angesicht schauen dürfen.
Gott lohnt und bestraft aber ebenso schon in dieser Welt: Den Guten schenkt er inneren Frieden und innere Freude, die Bösen läßt er die Unruhe des schlechten Gewissens spüren. Er lohnt jedoch bisweilen auch mit äußerem Glück und äußerem Leid. Dabei geht es dem Guten oft schlecht und dem Bösen gut. Nie aber wird ein **Böser ganz glücklich** sein und ein **Guter ganz unglücklich**. Den vollen Lohn und die volle Strafe erhalten wir erst im anderen Leben.
In der »religio«, der Religion, bemüht sich der Mensch um den Glauben. Am Beginn dieser Mühe aber steht das **Wissen** um Gott, um die Heilsbotschaft Jesu Christi.
Im nächsten Themenkreis behandeln wir deshalb die Eckpfeiler der göttlichen Botschaft.

4. Die Bibel oder Die Heilige Schrift

Das grundlegende Werk unseres christlichen Glaubens heißt Bibel (griech. biblos, das Buch). Man nennt es auch, da es eine **Offenbarung Gottes** ist, die **Heilige Schrift**. Es ist geteilt in ein Altes Testament und ein Neues Testament.
Das **Alte Testament** beginnt mit der Schöpfungsgeschichte, der Erschaffung der Welt, den ersten Menschen Adam und Eva, ihrem Sündenfall und ihrer Vertreibung aus dem Paradies. Sie hatten vom Baum der Erkenntnis eine verbotene Frucht genommen. Dieses Bild sagt, sie wollten klüger sein als Gott. Darin besteht die menschliche **Erbsünde**: sich über Gott erheben zu wollen.
In ihren Nachkommen Kain und Abel offenbart sich der menschliche Grundkonflikt zwischen Gut und Böse. Kain erschlägt seinen Bruder Abel aus Neid, das Böse siegt.

☛ Vielleicht sollten wir hier darauf hinweisen, daß sich das Alte Testament über weite Strecken liest wie ein Schmöker voller **sex and crime**, wie man heute sagen würde. Es gibt wirklich keine Sünde und keine

Perversion, die darin nicht vorkommen würden. Das ist aber nicht so, damit sich der Leser einen lustigen Abend macht, sondern um ihm die ganze Vielfalt und die Abgründe vor Augen zu führen, in die die Erbsünde die Menschen führen kann. Trotzdem tut die Kirche durchaus recht daran, das Alte Testament nicht besonders herauszustellen, insbesondere junge, ungefestigte Leute sollten lieber davon ferngehalten werden. Doch zurück zum weiteren Verlauf der Geschichte. ☚

Gott schickt eine Sintflut, um das Böse auszurotten. Nur Noah, von Gott gewarnt, baut eine Arche, nimmt von jeder Tiergattung ein Paar mit und überlebt. Einer der Nachkommen Noahs, Abraham, ist der Stammvater des jüdischen Volkes. Er zieht von Mesopotamien mit seiner Familie nach Ägypten. Dieses jüdische Volk hat Gott auserwählt, um aus ihm seinen Sohn **Jesus Christus** auf die Erde zu senden. Viele Propheten des jüdischen Volkes kündigten ihn an: Durch seinen Opfertod wird er die Menschheit von der Erbsünde **erlösen**.
Das jüdische Volk wird von den Ägyptern versklavt. Durch **Moses und Aaron** führt Gott sein Volk in das »Gelobte Land«, nach Palästina. Dort wird im Stall von Bethlehem Jesus Christus als Sohn der heiligen Jungfrau Maria geboren. Hier beginnt das **Neue Testament**.

Das **Neue Testament** enthält die Lebens- und Leidensgeschichte Jesu Christi. (Jesus ist ein üblicher semitischer Name, christos ist griechisch und heißt der Gesalbte.)
Aufgezeichnet wurde das Leben Jesu in den Evangelien, unmittelbar nach Jesu Tod von seinen Jüngern, den vier Aposteln Markus, Matthäus, Lukas und Johannes. Diese Aufzeichnungen der vier Evangelisten gleichen sich im Wesentlichen, setzen aber unterschiedliche Schwerpunkte.
Außerdem zählen wir zum Neuen Testament noch die Apostelgeschichte, die Briefe der Apostel an die frühchristlichen Gemeinden so wie die Geheime Offenbarung des heiligen Apostels Johannes (Apokalypse).

☛ Hier noch ein methodischer Hinweis an die Damen und Herren Kursleiter:
Bei der kurzen Einführung in die Lebens- und Leidensgeschichte Jesu achten Sie bitte darauf, daß in Ihren Ausführungen die unten aufgeführte Stationen erwähnt werden. Regen Sie durch eine lebendige Erzählweise die Schüler an, diese Geschichten im Original selbst zu lesen. Danach könnten Sie folgende Fragen stellen: »Welche Geschichte hat

Ihnen besonders gefallen?« oder »Welches Gleichnis ist Ihnen im täglichen Leben schon einmal begegnet?« Als Hilfe haben wir einige Bilder und Aussprüche, die in den jeweiligen biblischen Geschichten vorkommen und im täglichen Leben Verwendung finden, in kursiver Schrift angeführt. ☚

Die wichtigsten Stationen im Leben Jesu:

1. Die Geburt Jesu
(In der Herberge war kein Platz mehr für sie. »... Friede den Menschen, die eines guten Willens sind.«)
2. Der zwölfjährige Jesus im Tempel
(»Wußtet ihr nicht, daß ich in dem sein muß, was meines Vaters ist?«)
3. Das Wirken Johannes der Täufers und die Taufe Jesu im Jordan
(»Das ist den Jordan heruntergegangen.«)
4. Die Hochzeit zu Kanaan
(»Herr, sie haben keinen Wein mehr.« »Füllet die Krüge mit Wasser!« Oder: »Jeder Hausherr setzt zunächst den guten Wein vor und erst dann, wenn die Gäste trunken sind, den geringeren.«)
5. Die Tempelreinigung
(»Machet das Haus meines Vaters nicht zu einem Kaufhaus!«)
6. Die Bergpredigt
(»Selig die Armen im Geiste, denn ihnen gehört das Himmelreich!«)
7. Der Hauptmann von Kapharnaum
(»... in die Finsternis, dort wird Heulen und Zähneknirschen sein!«)
8. Jesu Salbung durch eine Büßerin
(»Sie aber hat nicht aufgehört, meine Füße zu küssen!«)
9. Die Seepredigt
(»Wer Ohren hat zu hören, der höre!« oder »Das Unkraut vom Weizen trennen«)
10. Das Gleichnis vom barmherzigen Samariter
(»Barmherziger Samariter« oder »Öl in die Wunde gießen«)
11. Das Gleichnis vom verlorenen Sohn
(»Der verlorene Sohn« oder »Ich bin nicht mehr wert, dein Sohn zu heißen!«)
12. Das Gleichnis vom ungerechten Verwalter
(»Du kannst nicht länger mein Verwalter sein!« oder »Machet euch Freunde mit dem trügerischen Mammon!«)
13. Jesus spricht zu den Pharisäern und Schriftgelehrten
(»Gib dem Kaiser, was des Kaisers, und Gott, was Gottes ist!«)
14. Das Gleichnis von den Arbeitern im Weinberg

(»Die Ersten werden die Letzten sein und die Letzten die Ersten. Viele sind berufen, wenige aber auserwählt.«)

15. Einzug in Jerusalem
(Der Ruf »Hosianna!« oder »Keinen Stein auf dem anderen lassen«)
16. Der Handel des Judas
(»Dreißig Silberlinge« und »Judaslohn«)
17. Jesu Gefangennahme
(»Ehe der Hahn dreimal kräht …«)
18. Das Verhör vor dem Hohen Rate
(»Habe ich unrecht geredet, so beweise es, habe ich recht geredet, warum schlägst du mich?«)
19. Jesus vor dem römischen Statthalter Pilatus
(»Ich wasche meine Hände in Unschuld.«)
20. Kreuzigung und Tod Jesu
(»Vater, vergib ihnen, denn sie wissen nicht, was sie tun!« oder »Mein Gott, warum hast du mich verlassen?«)
21. Die Auferstehung Jesu
(»Einen Stein vom Grab wälzen«, der »ungläubige Thomas« und die »Finger in die Wunden legen«)
22. Jesu Entrückung
(»Himmelfahrt«)
23. Die Herabkunft des Heiligen Geistes
(In »verschiedenen Zungen« reden)

5. Der Schlüssel zur Heilsbotschaft

Die Botschaft Gottes ist vor vielen tausend Jahren aufgezeichnet worden. Sie trägt das äußere Gewand der **damaligen Verhältnisse** und entspricht der Sprache und den Vorstellungen dieser Menschen.
Heute jedoch erwartet niemand, Gottvater mit einem Rauschebart in einem brennenden Dornbusch anzutreffen. Es ist die Aufgabe der Kirche, des Lehramtes des Papstes, der Bischöfe und Priester, ihren Gläubigen diese göttliche Botschaft zu entschlüsseln.
Nehmen wir beispielsweise das Bild auf dem Berge Sinai, wo Gott dem Moses die Zehn Gebote auf zwei Tontafeln überreichte. Dieses Bild sagt, daß die zehn Gebote nicht Menschenwerk, sondern **gottgegeben** sind, die Grundpfeiler göttlicher Ordnung für das menschliche Zusammenleben. Halten sich die Menschen daran, können sie das ewige Heil erlangen. Verwerfen sie diese Ordnung, suchen sie sich andere Götter, wie das »goldene Kalb«, einen zügellosen Liberalismus oder kommunistische Götzen, dann stürzen sie sich in ihr Verderben.

Wie modern ist doch dieses Bild vom goldenen Kalb! Haben nicht Millionen verführter Menschen im Kommunismus um dieses vermeintliche Kalb (sprich irdisches Paradies) herumgetanzt? Und tanzen wir heute nicht auch noch bisweilen um diesen Götzen Reichtum?
(Hinweis: Wir kommen beim Thema 12 noch ausführlich darauf zu sprechen. Dort dann auch die entsprechenden Fragen!)

6. Muß ich Mitglied der Kirche sein?

Die Kirche ist nach theologischem Verständnis der **geheimnisvolle Leib Jesu Christi**. Die **Glieder** dieses Leibes aber sind die **Gläubigen**. Durch die Taufe wird man ein Glied der Kirche.
Einst war aus der Rippe Adams die Eva gebildet worden, die Mutter der **sündigen Menschheit**. Aus der Seitenwunde Jesu, des Erlösers, ist die **Kirche** hervorgegangen, die Mutter der **erlösten Menschheit**.
Das Sinnbild dieser Erlösung ist das Zeichen des heiligen Kreuzes, das **Kruzifix**. Vor seiner bildlichen Darstellung knien die gläubigen Christen nieder. Das veranschaulicht ihre Demut und Dankbarkeit Gott gegenüber. Vor dem Kreuz halten sie Zwiesprache mit ihm, d.h. sie beten. In jeder guten christlichen Familie hat deshalb das Kruzifix einen Ehrenplatz. In den vornehmlich christlichen Gegenden ist es selbstverständlich, daß dieses Zeichen des Glaubens auch öffentlich, an den Wegen und auf Plätzen, in den öffentlichen Einrichtungen wie Amtsstuben und Schulen, zu sehen ist. Das Schandurteil des Bundesverfassungsgerichtes, nach dem das Kruzifix in den **Schulen abgehängt** werden darf, stellt deshalb eine tiefe Beleidigung der religiösen Gefühle dar. Schon in der Heiligen Schrift heißt es dazu: **»Wer aber einem von diesen Kleinen, die an mich glauben, Ärgernis gibt, dem wäre es besser, daß ihm ein Mühlstein um den Hals gehängt und er in die Tiefe des Meeres versenkt würde.«** (Matth.18,6)
Die Regierung des Freistataates Bayern hatte den Mut, sich diesem Urteil zu widersetzen und durch ihre Landesgesetzgebung den normalen Zustand wiederherzustellen. Dies sollte auch in anderen Bundesländern Schule machen.
Im geheimnisvollen Leib Christi, der Kirche, haben nicht alle Glieder die gleichen Aufgaben, es gibt Männer und Frauen, **Vorsteher und Untergebene**. Die ersten Vorsteher waren Petrus und die Apostel. Heute sind es der Papst, die Bischöfe und Priester. Sowie die ersten Vorsteher ausschließlich Männer waren, so dürfen auch heute nur Männer dieses apostolische Amt ausüben. Ein Priesteramt für Frauen ist gegen die Heilige Schrift.

Der Papst ist das sichtbare Oberhaupt der ganzen Kirche. Als Nachfolger des ersten Bischofs von Rom, des heiligen Petrus, hat er das oberste Lehr- und Hirtenamt inne und ist deshalb unfehlbar. Alle Bischöfe, Priester und Gläubigen stehen unter seiner Leitung. Durch die Kirche spricht Christus zu uns.

Eigentlich können also nur gläubige Christen Kirchenmitglieder sein. Da aber Staat und Kirche trotz ihrer bedauerlichen strikten gesetzlichen Trennung viele Berührungspunkte bei ihren öffentlichen und caritativen Aufgaben haben, ist für gewisse Personen, die zwar meinen, noch nicht stark genug im Glauben zu sein, aber im öffentlichen und caritativen Bereich wirken, eine Mitgliedschaft in der Kirche **nicht unangemessen**. Das betrifft vor allem leitende Personen, die eine sehr hohe Verantwortung für das Gemeinwohl übernommen haben. Sie sollten Mitglied der Kirche sein. Es ist das große Verdienst solch hervorragender Persönlichkeiten wie Bernhard Vogel, Ministerpräsident des Freistaates Thüringen, und Kurt Biedenkopf, Ministerpräsident des Freistaates Sachsen, daß sie in dieser Frage auch in den neuen Bundesländern die richtigen Zeichen setzten. Beide sind strenggläubige katholische Christen. Deshalb haben sie viele verantwortungsvolle Positionen, für die sich keine katholischen Persönlichkeiten aus den alten Bundesländern fanden, mit hochqualifierzierten Fachkräften aus dem katholischen Eichsfeld besetzt.

Spiele

Auf Grund der Ernsthaftigkeit des Themas wird hier auf ein methodisch-didaktisches Spiel verzichtet. Empfehlen Sie Ihren Schülern stattdessen folgende **ergänzende Veranstaltungen**:

1. Filme über die biblische Geschichte und das Leben im Jenseits
2. Biblische Theaterspiele wie in Oberammergau oder eines der vielen Krippenspiele zum heiligen Christfest (Weihnachtsfest) in der Kirche.
3. Reisen zu den biblischen Stätten nach Israel und Palästina.
(Dies wird Ihren Umschülern aus finanziellen Gründen erst nach erfolgreichem Abschluß des Lehrganges möglich sein.)

Die Kirche bietet auch schon in den neuen Bundesländern eine Reihe interessanter Veranstaltungen an. Schlagen Sie den Schülern vor, sich selbst in den jeweiligen **Schaukästen**, die vor den Kirchen und Pfarrhäusern angebracht sind, zu informieren.

Fragebogen zu Thema 7

	Punkte
1. Der Satz: »Ich glaube nur, was ich sehe«, ist	
a) falsch, er gilt auch für elektrischen Strom	10
b) richtig	0
c) für irdische Dinge bisweilen wahr	5
2. An den wahren Gott glauben	
a) alle Christen, auch die evangelischen	5
b) nur die katholischen	10
c) die Mohammedaner und Buddhisten	0
3. Der Glauben ist	
a) eine Gnade Gottes, die man sich erwerben muß	10
b) unnütz, denn ich habe lange genug an eine Sache geglaubt	0
c) ein Geschenk, das einem von allein zufällt	5
4. Das grundlegende Werk des christlichen Glaubens heißt	
a) der Koran	5
b) das Manifest	0
c) die Bibel oder die Heilige Schrift	10
5. Die Juden sind	
a) Verbrecher, weil sie Jesus dem Kreuzetod ausgeliefert haben	0
b) potentielle Christen	5
c) als Teil des göttlichen Planes »die älteren Brüder der Christen«	10
6. Protestantische Christen kommen nach dem Tod	
a) in den Himmel	0
b) in die Hölle	5
c) ins Fegefeuer	10
7. Ein Mitglied der Kirche kann sein	
a) ein gläubiger Christ	10
b) ein Verantwortungsträger	5
c) ein starrsinniger Atheist	0
8. Scherzfrage (ohne Wertung): Warum hat Abel seinen Bruder Kain erschlagen	
a) aus Neid	
b) aus Mut	
c) Kain hat Abel erschlagen	

Auswertung: Höchstpunktzahl 70: ausgezeichnet; 65 Punkte: sehr gut; 60 Punkte: gut; 55 Punkte: ausreichend; unter 55 Punkte: ungenügend.

Thema 8
»Am Anfang war das Wort ...«
Vom geschichtlichen Werden des Abendlandes

Methodisch-didaktische Hinweise für die Damen und Herren Kursleiter

Dieses Thema ist das **weltliche Gegenstück** zum vorangegangenen. Es geht um die Wurzeln unserer abendländischen Kultur und Zivilisation. **Profan- und Kirchengeschichte** sind, wie wir wissen, über Jahrhunderte **ein und dasselbe**.
Sowohl die heutige, als auch die vergangene Kultur und Kunst, Demokratie, Rechtssprechung, Moral und Philosophie, kurz die gesamte Zivilisation unseres Abendlandes ist ohne das Wirken der ersten Missionare, ohne den Anteil der Klöster und Kirchen bei der wirtschaftlichen und geistigen Urbarmachung unserer Heimat, nicht zu verstehen.

☛ Auf welche Vorsaussetzungen treffen Sie in dieser Frage bei Ihren Umschülern?
Sie müssen wissen, daß der Begriff **Abendland** für Ihre Schüler ein **Negativum** bedeutet. Abendländisches Wertebewußtsein stellt für sie vielleicht immer noch eine Art westeuropäische Überheblichkeit dar. Die Impulse, die im Laufe der Jahrhunderte vom Abendland ausgingen, wurden vom Kommunismus als Expansion mißdeutet. Zudem hat das Wort Abendland für sie möglicherweise einen verstaubten, antiquierten Klang. Angesichts der vierzigjährigen Propaganda und der Tatsache, daß sie erst seit wenigen Jahren zum Abendland gehören, ist eine solche Haltung zunächst verständlich. Die bisherige **Wertorientierung** Ihrer Schüler war nach **Osten** ausgerichtet. »Ex oriente lux« hieß das Leitmotiv. Es ging soweit, nun werden Sie sicher schmunzeln, daß alle technischen Erfindungen und epochalen Gedanken aus dem alten Rußland bzw. Sowjetrußland kamen. In irgendeiner stillen Erfinderstube Rußlands war alles schon einmal erdacht worden: Dampfmaschine, Glühbirne, Computer, Rakete. Auf Grund fehlender technischer Möglichkeit war es angeblich nur nicht umgesetzt worden. Selbstverständlich können Sie auf solchen Unsinn nicht eingehen.
Auch beim Geschichtsbild Ihrer Umschüler müssen Sie davon ausgehen, daß sie keinerlei Vorkenntnisse mitbringen. **Geschichte** war für sie bisher nur historischer **Materialismus**, also Klassenkampf, Geschichte der Kommunisten und die Biographien ihrer Führer. Sie war Parteige-

schichte und diente dazu, den Kommunismus zu rechtfertigen und zu verherrlichen.
Alles andere war Nebensache, war »Vorgeschichte« und wurde in den politischen Schulungen nicht erwähnt. In unserer Lektion liegt deshalb der Schwerpunkt auf der **frühen Geschichte** unseres Vaterlandes, in der der Same der christlichen Heilsbotschaft in den Boden unserer Heimat eingebracht wurde. ☚

1. Das Abendland

Früher wurden die Himmelsrichtungen nach dem Lauf der Sonne bestimmt. Morgens oder das Morgenland bezeichnete den Osten und abends bzw. das Abendland den Westen. Die Grenze zwischen beiden Teilen hat sich im Laufe der Geschichte oft verschoben. Es ist schwer, genau zu sagen, welche Länder zum Abendland gehören. Der einstige bayerische Ministerpräsidenten F. J. Strauß nannte das Abendland treffend »Mitteleuropäischer Hygienekreis«.
Gemeinhin wird der von **Slawen** bewohnte Teil Europas, der ehemals kommunistische Teil, zum **Morgenland** und der von **Romanen** und **Germanen** bewohnte zum **Abendland** gerechnet.
Im abendländischen Kulturkreis übernahmen abwechselnd einzelne Nationen die Hegemonie.
Zu Beginn waren es Ägypten, Griechenland sowie Italien und deren jeweiligen **antiken Reiche**. Das Römische Reich wurde im 5./6. Jahrhundert durch die **Franken** abgelöst. Im 10. Jahrhundert gewannen die **Deutschen** eine Führungsstellung, die ihren Höhepunkt im »Heiligen Römischen Reich Deutscher Nation« erlebte. Abgelöst wurde Deutschland aufgrund der großen Entdeckungsfahrten von den Seefahrernationen **Spanien** und **Portugal**. Mit dem Aufkommen der Industrie und der Übernahme internationaler Verpflichtungen in den Ländern Afrikas und Asiens setzte sich **England** (Großbritannien, das British Empire) an die Spitze. Seit Ende des letzen Jahrhunderts übernahm wieder unser **deutsches Vaterland** die Rolle des Impulsgebers in Europa.
Alle großen europäischen geistigen Leistungen und technischen Erfindungen von Rang kamen aus seinem abendländischen Teil. Der Drang des Ostens, zum Abendland zu gehören, ist verständlich. In den letzten Jahrzehnten erleben wir, wie durch ein rasches Zusammenrücken der westeuropäischen Staaten in der Europäischen Union (EU) der uralte Gedanke des einheitlichen Abendlandes seine staatsrechtliche Vollendung erfährt.

2. Der Weg der christlichen Heilsbotschaft

Nachdem im Jahre 313 durch **Konstantin den Großen** (Edikt von Mailand) das Christentum Staatsreligion wurde, erfaßte es in Windeseile die Angehörigen des Römischen Reiches. Diözesen und Bistümer wurden geschaffen, Kirchen gebaut und Klöster gegründet. An der Grenze des Römischen Reiches (Limes) entstanden die ersten christlichen Gemeinden auf deutschem Boden, so in **Trier, Köln und Augsburg**. Durch die Freundschaftsverträge, die die Germanen **jenseits des Limes** mit den Römern geschlossen hatten, gelangte im dritten und vierten Jahrhundert die christliche Botschaft auch zu ihnen, wenngleich nur im Gewand der arianischen Irrlehre. **Wulfila**, Bischof der Goten, übertrug als erster die Heilige Schrift in eine germanische Sprache, ins Gotische.
Die Bibelübertragungen in eine andere Sprache sind die Meilensteine der Sprachentwicklung. So entstand durch die Übersetzung der beiden Mönche **Kyrill und Method** die Schriftsprache der Slawen. (Deswegen nennt man diese Schrift »kyrillisch«, wobei hinzugefügt werden muß, daß sie gegenüber dem lateinischen Alphabet primitiver und häßlicher ist.) Auch die theologisch zweifelhafte Bibelübersetzung Luthers war trotz allem eine sprachliche Leistung.
Im Jahre 492 hatte auch der fränkische König **Chlodwig** zum wahren **römisch-katholischen Glauben** gefunden. Unter ihm und seinen Söhnen, den Merowingerkönigen, wurden die anderen germanischen Königreiche, so die der Alamannen, Burgunder und Thüringer, missioniert. Die unverfälschte christliche Heilsbotschaft konnte sich danach in ganz Germanien (Ostfranken) ausbreiten.

3. Das segensreiche Wirken Karls des Großen

Unter den fränkischen Karolinger-Königen gelang es endgültig, das Christentum bei den Germanen tief und dauerhaft zu verwurzeln. Vor allem der **heilige Bonifatius**, der Apostel der Deutschen, gründete Bistümer und schenkte im Auftrag des fränkischen Königs Karl Martell und des Papstes Zacharias den deutschen Landen eine straffe kirchliche Organisation. Dadurch war es unseren Vorfahren möglich, sich an den **caritativen** und **missionarischen Aufgaben** der römisch-katholischen Gesamtkirche materiell **zu beteiligen**. Mit vielen Helfern aus seiner englischen Heimat riß Bonifatius die heidnischen Wurzeln bei unseren Vorvätern heraus (Donar-Eiche bei Geismar), erbaute Kirchen und gründete Klöster. Seine letze Missionsreise führte ihn nach Friesland. Die dortigen primitiven Ureinwohner waren noch zu roh und ungebildet, die christliche Heisbotschaft zu begreifen und erschlugen ihn. Durch seinen **Märtyrertod** war es ihm nicht mehr vergönnt, noch auf Erden die endgültige Bekehrung der Germanen zu zivilisationsfähigen und gehorsamen Dienern Gottes zu erleben. Erst durch das Wirken Kaiser Karls des Großen, vor allem bei den Friesen und Sachsen, erreichte die Missionierung unserer Heimat durch eindrucksvolle Massentaufen (Verden an der Aller) ihren Höhepunkt und krönenden Abschluß.

4. Otto der Große, der Missionar der Slawen

Die Nachfolger der fränkischen Könige, die **Ottonen**, widmeten sich mit tiefer Hingabe der Bekehrung unserer östlichen Nachbarn, **der Slawen**. Als Missionsstützpunkt gründete Otto I. (der Große) an der damaligen Ostgrenze unseres Vaterlandes das **(Erz-)Bistum Magdeburg**. Von hier aus konnte die christliche Heilsbotschaft ihren Weg bis ins Baltikum nehmen. Begleitet wurden die ersten christlichen Missionare auch von deutschen Fachleuten, Handwerkern und Bauern. Als **friedenstiftende Maßnahme** wurden sie von deutschen Heeren beschirmt. So fanden, neben der christlichen Botschaft, auch die materiellen Segnungen des Abendlandes ihren Weg in den Osten. Was damals in den slawischen Boden gepflanzt wurde, bringt noch heute eine reiche Ernte. Kein Volk des Ostens ist heute von so tiefer Frömmigkeit beseelt, wie unser **polnisches Nachbarvolk**.

5. Die christlichen Klöster im Mittelalter

Was wäre das Abendland ohne die **mittelalterlichen Klöster**? Nur die Mönche konnten schreiben und lesen. Keine Nachricht wäre uns von unseren Vorvätern überliefert, hätten nicht fleißige Mönche in Urkunden über das damalige Leben berichtet. Die klassische Antike wäre für uns ein Buch mit sieben Siegeln, hätten wir nicht die Abschriften der klösterlichen Schreibstuben.

Aber nicht nur die **geistigen Leistungen** gilt es zu würdigen, auch die **wirtschaftlichen**. Die Behauptung der Atheisten und Kommunisten, die Mönche und Nonnen hätten ihr Leben mit Müßiggang und Prasserei verbracht, ist eine üble Verleumdung. Das Gegenteil ist wahr.

Die **Nonnenklöster** waren ein Refugium für viele Töchter von Adligen, die keine standesgemäße Ehe eingehen konnten. Als Äbtissinen hatten sie die Aufsicht über ihre Schwestern, die oft nach einem Fehltritt von selbst die klösterliche Stille suchten, um dort ihre Sünden zu büßen, oder von ihren Eltern und Verwandten der Geborgenheit eines Klosters übergeben wurden. Als **Bräute Jesu Christi** verherrlichten sie ihren himmlischen Bräutigam durch **Beten, Fasten und Arbeit**. Ihrem tätigen Wirken waren natürliche Grenzen gesetzt. Als Frauen widmeten sie sich der Krankenpflege oder verrichteten kunstvolle Handarbeiten. Viele Teppiche mit Abbildungen der Heiligen und prächtige Meßgewänder künden noch heute von der Frömmigkeit, vom Fleiß und vom Geschick der mittelalterlichen Nonnen.

Die Mönche aber waren die **Pioniere der abendländischen Kultur und Zivilisation**. Durch sie kamen die Weinreben in den rauhen Norden Deutschlands. Zur Feier der heiligen Eucharistie (Abendmahl) benötigte man Wein, für das »Brot«, die Hostien, brauchte man Getreide und die erforderlichen Dinge, um es zu verarbeiten. So erbauten sie also die ersten Wasser- und Windmühlen, rodeten Wälder und legten Sümpfe trocken. Sie erbauten die mittelalterlichen Klöster und Kirchen, die wir heute noch bestaunen. Am Ausgang des Mittelalters richteten sie in ihren Klöstern **Schulen** ein, in denen sie unser Volk an den großen Schatz ihres Wissens heranführten.

Diese großartigen Leistungen waren seit jeher den Atheisten und Kommunisten ein Dorn im Auge. Sie versuchten, die Mönche zu verunglimpfen mit der ungeheuerlichen Behauptung, diese heiligen Männer hätten den Schutz der Klostermauern benutzt, um darin ungehemmt ihren gleichgeschlechtlichen Neigungen nachzugehen. Andere Mönche hätten unterirdische Gänge zwischen den Männer- und Frauenklöstern gegraben, um hemmungslos ihre geschlechtlichen Triebe ausleben zu können.

Dies alles sind Ausgeburten einer krankhaft sündigen Phantasie, die leider bis heute teilweise noch verbreitet wird. Auch die Ehelosigkeit der Priester (Zölibat) wird oft geschmäht, indem den Priestern der sündhafte Umgang mit ihren Hauswirtschafterinnen oder minderjährigen Ministranten unterstellt wird. Diese Atheisten konnten und können nicht verstehen, daß es einem Menschen durchaus möglich ist, seine Triebe im Zaum zu halten. Wer tief im Glauben steht in der Nachfolge Jesu und seiner heiligen Apostel, wer sein Leben ganz dem Dienst Christi und seiner heiligen Kirche geweiht hat, der hat auch die Kraft, seinen Leib und die sündigen Triebe zu zügeln. Atheisten und Kommunisten können das natürlich nicht begreifen. Aber es geht ihnen ja nicht darum, etwas zu verstehen. Sie wollen den Glauben an sich schlecht machen, die Kirche diffamieren, und dazu ist ihnen jedes Mittel recht.

6. Die Zeit der Reformen

Während Mönche und Nonnen durch Fleiß und Frömmigkeit ihr segensreiches Wirken entfalteten, zeigte die Kirche in anderen Bereichen ihre **menschliche Unvollkommenheit**.

Der König hatte weltliche Grafen- und Herzogsämter an Bischöfe verliehen. Durch deren Zölibat (im Sinne von Kinderlosigkeit) fielen diese Ämter nach dem Tod der Bischöfe immer wieder dem König zu. Diese unselige weltliche Bürde tat der Kirche nicht immer gut. Der Ruf nach **Reformen** wurde laut. Neben innerkirchlichen Reformen **(Cluny, Franz von Assisi)** hatte **Martin Luthers** Thesenanschlag in Wittenberg die weitreichendsten und schmerzhaftesten kirchengeschichtlichen Folgen. Die theologischen Dispute dieser Zeit führten zu Erscheinungen von religiöser Schwärmerei, Sektenbildungen und zu einem einseitig irdisch orientierten Humanismus (lat. humanitas, Menschlichkeit).

Am Ausgang des Mittelalters zogen einige dieser Schwarmgeister durchs Land, verbreiteten Irrlehren, huldigten dem Aberglaube und suchten durch Tricks und Zauberei Anhänger zu gewinnen. Sie kamen deswegen vor ordentliche Kirchengerichte und wurden, wenn sie in ihrem Aberglauben verharrten und nicht widerrufen wollten, rechtmäßig bestraft.

Es waren auch einige Frauen darunter, die durch besondere Heimtücke und Starrsinn den Zorn der gläubigen Christen erregten. Sie wurden, dem damaligen Glauben und Strafmaß entsprechend, als **Hexen** verurteilt und verbrannt. Dabei ging es aber nicht, wie heute oft fälschlich behauptet wird, um abweichende Meinungen in Glaubensfragen. Der wahre Grund für die Ahndung solcher Verbrechen war, daß diese Schwarmgeister sich als Weltverbesserer aufspielten und an der göttlichen Ordnung rüttelten. Sie wollten das **Volk zum Aufruhr ermuntern**.

Die Revolten solch abtrünnig gewordener Priester wie die des Tschechen Jan Hus oder des Deutschen Thomas Müntzer zeigen das sehr deutlich.

Im Grunde genommen waren solche Dinge aber Einzelerscheinungen, die beim Blick auf das Mittelalter nicht ins Gewicht fallen. Nur die Propaganda der Atheisten machte daraus Massenbewegungen. Die Kommunisten weiden sich in ihren Enstellungen dieser Zeit an düsteren Bildern. Demnach hätte das Mittelalter nur aus **Hexenverfolgung, Geißelung, Folter, Scheiterhaufen**, Blut und Tod bestanden. Dieses falsche Bild brauchten sie, um für sich und das Volk geschichtliche »Opfer« und »Vorbilder« für ihre widerwärtigen Pläne zu konstruieren.

Die spätmittelalterlichen Reformen führten zu einer **Kirchenspaltung**.

Die verschieden Wege, die unsere Kirchen seither gegangen sind, stellen für alle gläubigen Christen eine schwere und schmerzhafte Hypothek dar. Es ist gut, daß sich diese Wege heute wieder in einer einzigen **ökumenischen Glaubensgemeinschaft** unter dem Dach der heiligen römisch-katholischen Kirche bündeln.
Im Zuge der Entdeckung ferner Länder und Kontinente durch spanische und englische Seefahrer wurden die christliche Heilsbotschaft und die abendländische Kultur von kirchlichen und weltlichen Missionaren **rund um die ganze Welt** getragen. Die erste Möglichkeit dazu war die Entdeckung Amerikas durch Christoph Kolumbus. Die Eingeborenen wurden »Indianer« genannt, weil man glaubte, Indien entdeckt zu haben.
Die Indianer waren Heiden und verehrten verschiedene Inka-Götter, denen sie mit vielen Bildern und Götzenstatuen aus purem Gold huldigten. Die Entdecker, christliche Seefahrer und Soldaten, brachten ihnen den **rechten Glauben**, tauschten die goldenen heidnischen Götzenbilder mit dem Zeichen des heiligen Kreuzes. Viele Indianer fanden aber nicht nur am christlichen Glauben Gefallen. Der von den Seefahrern mitgeführte Branntwein hatte es ihnen angetan. Nachdem sie gelernt hatten, ihn selber herzustellen, verfielen sie seinem hemmungslosen ungezügelten Genuß, der ganze Stämme von ihnen ausrottete. Später wurde die Schuld dafür fälschlicherweise den europäischen Seefahrern gegeben. Die Kommunisten stellten sogar die ungeheuerliche Behauptung auf, diese Indianerstämme seien von den christlichen Seefahrern ermordet worden!
In vielen Länder Afrikas, Asiens und Amerikas, in denen im Zuge der weiteren Entdeckungen die Christen Kolonien und Staaten gründeten und die politische Verantwortung übernahmen, wurde der **christliche Humanismus**, (nicht zu verwechseln mit dem weltlichen) für die Eingeborenen in Form der freiheitlichen Demokratie zur staatstragenden Idee. Ihre Vollendung erfuhr diese Idee später in der Verfassung der Vereinigten Staaten von Amerika.

7. Die Säkularisation

Wie im Gleichnis vom geduldigen Job (auch Hiob genannt), der viel ertragen mußte, um die ewige Seligkeit zu erlangen, so erging es auch der heiligen Kirche. Der zweite Schlag, den sie nach der Spaltung erdulden mußte, war die **Säkularisation** (wörtl. Verweltlichung).
So bezeichnet man zunächst die Überführung **rechtmäßigen** kirchlichen **Eigentums** in weltliche Hände. Begonnen wurde damit nach der

»Reformation« und dem sogeannten Dreißigjährigen Krieg, fortgesetzt wurde sie durch Napoleon im Jahre 1803. Später wurde ein Teil des geraubten Gutes zwar zurückgegeben, aber eine vollständige Rückgabe und Wiedergutmachung steht noch aus.
Dieser widerrechtliche Raub ging einher mit einer Verweltlichung im Geistigen, der sogenannten **Aufklärung**. Sie schuf die Grundlagen für spätere **atheistische Ideologien**, auch die kommunistische. Infolge dieser einseitigen Hinwendung zum Irdischen kam es in vielen Ländern zu Unruhen, Aufständen, Revolten, zu Chaos und Anarchie. In Frankreich waren es die **französische Revolution** (1789), die **»Pariser Kommune«** (1870/71), in England 1832 bzw. 1848 die **Chartistenbewegung** und in Deutschland die Erhebungen der Jahre **1848/49** sowie der Umsturzversuch im **November 1918**. All diese Rebellionen signalisierten aber den Verantwortlichen auch die Unzulänglichkeit der damaligen Verwaltung.
Nachdem Ruhe und Ordnung wiederhergestellt waren, konnten unter maßgeblicher Beteiligung der Kirche demokratischere Staatsformen eingerichtet werden. So entstanden die modernen freiheitlich demokratischen Rechtsstaaten der Neuzeit. Die allerdings nur da wahrhaft frei und demokratisch sind, wo sie sich auf die Grundlagen des christlichen Glaubens stützen, wie die Verfassung der Bundesrepublik Deutschland.
Traurigerweise gibt es immer wieder widerliche Versuche, diese Einheit zu zerstören. Als jüngste Beispiele hierzu seien genannt: das schändliche Kruzifixurteil, das neue Abtreibungsgesetz oder die Angriffe auf die Kirchensteuern. Vor allem in den von der SPD gesteuerte **neuen Bundesländern** gibt es noch unzähligen Versuche von Regierungsstellen, sich den caritativen Aufgaben der Kirche durch verzögerte Übergabe von Krankenhäusern, Sozialeinrichtungen und Kindertagesstätten in den Weg zu stellen. Zudem muß man dort auch leider Bestrebungen feststellen, die darauf zielen, den **Religionsunterricht** in den Schulen **zu behindern**. Einige Länder gehen dabei sogar soweit, durch die Einführung des atheistischen Unterrichtdfaches »LER« (soll heißen: Lebenskunde, Ethik, Religion), Lügen und Halbwahrheiten über unseren Glauben zu verbreiten. Dieser Unterricht, der von ehemaligen Staatsbürgerkunde-Lehrern erteilt wird, öffnet dem Atheismus wieder Tür und Tor. Er bietet kaum die Gewähr, junge Menschen zu freiheitsliebenden, demokratischen Staatsbürgern zu erziehen. Dahinter stecken immer noch die alten Seilschaften der SED-Pädagogik, deren Fortleben kaum verwundern kann, da bei der Umgestaltung des Erziehungswesens und der Entlassung ungeeigneter Lehrer im Osten nur

halbherzig vorgegangen wurde. Es darf daher nicht verwundern, wenn einige christliche Politiker aus den alten Bundesländern die unkontrollierte Weiterführung des »Aufschwung Ost« durch unsere Milliarden Steuergelder kritisieren und sich weitere Schritte vorbehalten.

Methodisch-didaktisches Spiel

Da sich dieses Thema schwer in einem methodisch-didaktischen Spiel zusätzlich vermitteln läßt, haben die Landeszentralen für politische Bildung Mittel bereitgestellt, die es Ihnen ermöglichen, mit Ihrem Kurs einen Tagesausflug zu unternehmen.
Er sollte Sie zu einer der zahlreichen mittelalterlichen Kirchen, Klöster oder Burgen in den neuen Bundesländern führen. Sie können das beruhigt tun, denn auf den Erklärungs-Tafeln dieser Denkmäler sind mittlerweile die ehemaligen kommunistisch-marxistischen Entstellungen und Lügen entfernt worden.
Auch der Besuch eines Museums kann in solch einem Ausflug eingeschlossen sein. Durch ihre wesenhafte Um- und Neugestaltung nach der Wiedervereinigung sind sie wieder der geschichtlichen Wahrheit verpflichtet.

Fragebogen zu Thema 8 Punkte

1. Der Begriff »mitteleuropäischer Hygienekreis« meint	
a) den grünen Punkt auf Arzneimittelverpackungen	0
b) allgemeine Fragen der abendländischen Zivilisation	10
c) Fragen des mitteleuropäischen Gesundheitswesens	5
2. Das Christentum ist Staatsreligion seit	
a) Konrad Adenauer (1945)	5
b) Martin Luther (1521)	0
c) Konstantin dem Großen (313)	10
3. Durch die Errichtung einer straffen kirchlichen Organisation war es unseren Vorfahren möglich,	
a) das ewige Heil zu erlangen	5
b) ein besseres Leben auf Erden zu führen	0
c) durch Kirchensteuern sich materiell an den caritativen und missionarischen Aufgaben der Gesamtkirche zu beteiligen	10
4. Das Missionswerk im Osten war das Werk der	
a) russischen und polnischen Adligen	0
b) deutschen Missionare und Fachleuten unter dem Schutz der ottonischen Könige und des deutschen Ritterordens	10
c) einheimischen slawischen Priester und Mönche	5
5. Die Nonnen des Mittelalters verbrachten ihr Leben mit	
a) Beten und Fasten	10
b) Krankenpflege und Sticken	5
c) sündigen Ausschweifungen	0
6. Die Mönche des Mittelalters verbrachten ihr Leben mit	
a) Müßiggang und Prasserei	0
b) Beten und Arbeiten	10
c) Seelsorge	5
7. Der Raub kirchlichen Eigentums in der Neuzeit war	
a) eine Wiedergutmachung angeblich alten Unrechts	0
b) ein direkter Angriff auf Gott, also eine Todsünde	10
c) ein Unrecht, das später bereut und teilweise wiedergutgemacht wurde	5
8. Die Revolten des 18. bis 20. Jahrhunderts in Europa waren	
a) gerechtfertigte Revolutionen	0
b) Versuche, das Abendland zu zerstören	5
c) prä-kommunistische Umsturzversuche	10

Auswertung: Höchstpunktzahl 80: ausgezeichnet; 75 Punkte: sehr gut; 70 Punkte: gut; 65 Punkte: ausreichend; unter 65 Punkte: ungenügend.

Thema 9
Deutschland – unser Vaterland

Methodisch-didaktische Hinweise für die Damen und Herren Kursleiter

☛ Ziel dieser Lektion ist, eine gefühlsmäßige Bindung der Umschüler zu ihrem neuen Vaterland, der Bundesrepublik Deutschland, herzustellen. Dieses Thema wurde bereits gestreift, jetzt aber gehen wir in die Tiefe.

Wie sieht es mit diesem Gefühl aus? Dazu für Sie ein kleines Beispiel: Seit Beginn des Jahres 1996 besitzen Ihre Umschüler die neuen Personaldokumente unserer Bundesrepublik Deutschland. Viele aber wollen ihre alten ungültigen DDR-Ausweise und Pässe aufbewahren. Warum?

Da zeigt sich doch noch eine gewisse Anhänglichkeit zu ihrem früheren Unrechts-Staat, ihr **Fremdsein** im heutigen. Aber wollten sie denn nicht unseren demokratischen Staat? Haben sie nicht die Einheit gewählt, wollten sie nicht Bürger der Bundesrepublik werden? Wie ist das also zu erklären?

Die gefühlsmäßige Abneigung Ihrer Umschüler gegenüber ihrem neuen Staat hat tiefe **seelische Wurzeln**. Vierzig Jahre lang wurden sie belogen. Laut SED-Propaganda war die Bundesrepublik Deutschland das Böse schlechthin, ja die Inkarnation des Leibhaftigen.

In SED-Zeitungen und Hetzsendungen des Fernsehens, wie »Der schwarze Kanal«, wurde ihnen vorgelogen, daß bei uns in der Bundesrepublik nur alte Nazis an der Macht seien und das Volk in Arbeits- und Obdachlosigkeit verelende. Angeblich vegetierten wir in sogenannten Nissenhütten dahin.

Unser Fernsehen aber durften SED-Mitglieder nicht anschalten. Sie hätten ja sonst die Wahrheit über uns erfahren. Die vergangenen Jahre sollten sie zwar eines Besseren belehrt haben, trotzdem lehnen, laut letzten Umfragen, weit über die Hälfte der neuen Bundesbürger unseren Staat ab.

Wie kann man das ändern?

Der neue Staat trat Ihren Umschülern zunächst durch eine Überfülle von neuen fremden Lebensregeln und behördlichen Verordnungen entgegen. Die mußten begriffen und umgesetzt werden. Das war für sie ungewohnt und erforderte **Anstrengung**. Allmählich begriffen sie auch, worin die tiefen Ursachen des Unterschiedes zwischen unserem

Reichtum und ihrer bisherigen Armut bestand. Sie lernten unsere **rechtsstaatliche Ordnung** kennen, sahen unsere **Sauberkeit**, spürten unsere **Gewissenhaftigkeit**, unseren **Fleiß**. Sie waren beeindruckt von unserem persönlichen Besitz, den wir uns durch jahrzehntelanges eisernes **Sparen** erwerben konnten. Und unsere **Disziplin** sowie unsere Fähigkeit, sich auch gegebenenfalls widerspruchslos unterordnen zu können, lernten sie kennen, nicht nur auf der Arbeit, sondern überall im Leben. Das alles war für sie neu und fremd.

Die Früchte unserer Mühen wollten sie natürlich gern verzehren, aber es fiel ihnen schwer, sich von ihrer Rechthaberei, ihrer Schlampigkeit und Faulheit zu trennen, die sie einst von den Russen übernommen hatten. Unser Sprichwort **»Ohne Fleiß kein Preis«** war für sie neu. Sie dachten, wir lebten schon in einem Paradies, in dem einem die gebratenen Tauben nur so in den Mund fliegen. Und weil dem nicht so war, weil nicht jeder von ihnen sofort all das bekam, was er sich wünschte, wurden viele unzufrieden mit der Wiedervereinigung. Sie fingen an, wie einst im Kommunismus, zu nörgeln und zu meckern.

Was damals in der kommunistischen Diktatur zu Recht geschah, ist heute nicht nur unangebracht und unverständlich, sondern auch höchst **undankbar**. Die Milliarden und Abermilliarden unserer Steuergelder, mit denen wir die Folgen ihrer vierzigjährigen Mißwirtschaft beseitigen, kommen natürlich nicht jedem sofort persönlich auf seinem Konto zugute. Erst wenn die unseligen Folgen ihrer Schlamperei beseitigt wurden, wenn ihre Infrastruktur stimmt, dann wird auch jeder Einzelne im Osten in den vollen Genuß unserer sozialen Marktwirtschaft kommen können. Zur Beseitigung dieser Folgen gehören aber auch noch gewisse **Korrekturen** von übereilten Festlegungen im sogenannten Einigungsvertrag. Die von den Russen in den Jahren 1945 bis 1949 widerrechtlich vorgenommenen Enteignungen beispielsweise müssen rechtsstaatlich korrigiert werden. Angeblich hätten die Russen, hätte Gorbatschow, darauf bestanden, daß diese Enteignungen bestehen bleiben. Sonst, so wird behauptet, wären die russischen Besatzungstruppen nicht abgerückt. Gorbatschow selbst hat aber erklärt, daß davon nie die Rede war. Schließlich haben wir uns den Abzug der Russen mit zehn Milliarden harter DeMark erkauft.

Was und wer aber steckt hinter diesen Behauptungen? Diese Frage ist leicht zu beantworten. Dahinter kann nur stecken, wer daraus einen **Nutzen zieht**. Die riesigen Wälder und fruchtbaren Ackerflächen, die nach Kriegsende widerrechtlich enteignet wurden, um dann zwangskollektiviert zu werden, sind heute immer noch im Besitz **alter Seilschaften**, der alten LPG-Bonzen und ihrer Hintermänner von SED und

Stasi, die sich damit eine goldene Nase verdienen wollen. Vor allem das Ostvolk auf dem Lande ist darüber sehr erbost. Die einfachen Menschen im Osten sind mit Recht enttäuscht, daß unsere staatliche Ordnung so etwas noch zuläßt.
All diese Faktoren, deren Aufzählung noch beliebig vermehrt werden könnte, waren Stolpersteine auf dem Weg der inneren geistigen Einheit unseres Volkes. Die unter den Kommunisten propagierte **Fremdheit** unseres Volkes, die Mauer zwischen Ost und West, ist deshalb nach der Wiedervereinigung in den Herzen der Ostdeutschen noch nicht abgebaut worden. Unser Lehrgang aber will dazu einen wichtigen Beitrag leisten.
Wir wollen versuchen, in diesem Kapitel diese Fremdheit zu überwinden, indem wir Ihren Umschülern **einzelne Repräsentanten** unseres Staates **persönlich** vorstellen. Eine Bekanntschaft von Mensch zu Mensch erleichtert den gefühlsmäßigen Zugang zum neuen Staat. Dazu für Sie jetzt der **geistige Hintergrund**:
Die Geschicke eines Landes werden bekanntlich durch **Persönlichkeiten** gelenkt.
Dieser Gedanke wird Ihren Umschülern nicht neu sein. Waren doch im Kommunismus die Parteifunktionäre diejenigen, die alles bestimmten. Sie hatten sich einen **Heiligenschein** zugelegt und behaupteten, unfehlbar zu sein. Ihre Biografien mußten in den DDR-Schulen auswendig gelernt werden. Ihre Geburtstage waren Staatsfeiertage.
Bei den hier vorgestellten Persönlichkeiten dagegen handelt es sich um **Menschen**, unvollkommen und fehlbar wie wir alle. Wir aber wollen bei ihrer Vorstellung nicht abschweifen und uns in Einzelheiten verlieren. Wir wollen vielmehr diejenigen ihrer Eigenschaften und Leistungen würdigen, mit denen sie sich **Verdienste für unser Vaterland** erwarben.
Herausragende Persönlichkeiten stehen im Zentrum der Aufmerksamkeit. Um ihr Leben und Wirken ranken sich Gerüchte, die meist Erfindungen übelwollender Phantasie ihrer politischen Gegner sind. Solchen Gerüchten wollen wir jedoch in unserer Lektion keinen Raum geben.
Nehmen wir ein Beispiel, Herrn **Oscar Lafontaine**. Über ihn wird beispielsweise das Gerücht der Unkeuschheit verbreitet. Er soll angeblich in Verkleidung regelmäßig gewisse Gassen Saarbrückens aufsuchen. Genährt wird dieses Gerücht dadurch, daß er bis vor kurzem in keiner ehelichen Gemeinschaft lebte. Nun könnten Sie dieses Gerücht zurückweisen, indem Sie sagen, daß dies nicht stimmt, daß dies eine Erfindung seiner politischen Gegner sei. Außerdem sei ja ein zügellosen Nachgeben der Sexualität kein Muß. Abertausende katholische Priester

beweisen das durch ihr Zölibat. Besser aber wäre, wenn Sie diese Gerüchte abschätzig mit einer gewissen Bedeutungslosigkeit behandelten, etwa in der Art: »Was soll's, geredet wird viel, wenn der Tag lang ist ...«

Wichtig bei Herrn Lafontaine ist doch folgendes: Kein anderer deutscher Politiker hätte bei der Umstrukturierung der Wirtschaft des Saarlandes so für Stabilität sorgen können wie er. Kein anderer erwies sich als **Landesvater**, im wörtlichen Sinne. Das Herz des Saarlandes, die Eisen- und Stahlindustrie, mußte verlagert werden. Herr Lafontaine übernahm die Bürde, selbst im Ausland bei ihm bekannten SED-Funktionären für ein Engagement zu werben. Er nutzte dabei die persönlichen Bindungen Herrn Honeckers zum Saarland. Leider war ihm durch die Armut des Ostens wenig Erfolg beschieden. Viele Saarländer gingen danach auf Arbeitsplatzsuche, auch in andere Bundesländer. Es galt, Fahrpläne zu koordinieren, sowie Ruhe und Ordnung zu sichern und ein Netz sozialer Maßnahmen zu knüpfen. Die Verdienste Herrn Lafontaines stehen also überhaupt in keinem Verhältnis zu irgendwelchen Gerüchten!

Hier nun die Biographien dreier Persönlichkeiten der Bundesrepublik mit einer ausführlichen Würdigung ihrer politischen Verdienste um unser Vaterland. Sie stehen stellvertretend für viele.

Beim Verlesen der folgenden Texte werfen Sie bitte mit einem Diaprojektor **Fotos** auf eine Wand. Projektor und Dias liegen für Sie in der jeweiligen Landeszentrale für politische Bildung bereit. ☛

Helmut Kohl

Helmut Kohl, kath., wurde am 3. April 1930 in Ludwigshafen/Rh. geboren. Er ist Sohn eines Finanzbeamten. **(Foto K1)** Die Vorfahren väterlicherseits waren arme Bauern. In der Familie der Mutter **(Foto K2)** wurde der Lehrerberuf ausgeübt. Das Elternhaus nannte Kohl »katholisch, aber gleichzeitig liberal und gemäßigt national«. Das Kriegsende **(Foto K3)** erlebte Helmut Kohl in einem Wehrertüchtigungslager.

1945 arbeitete er bei einem Bauern. Dann kehrte er **(Foto K4)** in die Schule zurück. 1950 **(Foto K5)** machte er Abitur. Das anschließende Studium **(Foto K6)** (Geschichte, Rechts- u. Staatswissenschaften) dauerte acht Jahre. Er schloß es 1958 ab. Danach **(Foto K7)** wurde er Assistent des Inhabers einer Eisengießerei. 1973 wählte man ihn zum Vorsitzenden der CDU **(Foto K8)**, und seit 1982 ist er unser **(Foto K9)** Bundeskanzler.

Eigene Werke: (Foto K10) »Aus meinem Leben – Hausputz hinter den Fassaden«, »Konrad Adenauer 1876–1976«, »Die CDU. Porträt einer Volkspartei«, »Der Weg zur Wende«, »Reden 1982–1984«.

Bücher über Helmut Kohl: (Foto K11) Frank Hermann, »H. K. – Vom Kurfürst zum Kanzler«, Hans Traxler, »GmbH & Kohl KG«, Konrad R. Müller/Peter Scholl-Latour, »Helmut Kohl«, Bernhard Vogel, »Das Phänomen Helmut Kohl im Urteil der Presse«, Reinhard Appel, »Helmut Kohl im Spiegel seiner Macht«, Eckard Spoo, »KohlZeit: ein Kanzler und sein Deutschland«, Rüdiger Liedtke, »Kohls Fettnäpfe. Stationen eines genialen Kanzlers«, Michail Gorbatschow, »Mein Freund Helmut – Gipfelgespräche«, Rita Süssmuth, »Zuspitzungen. Meine Erfahrungen mit Helmut Kohl«.

Auszeichnungen (Auswahl): Großes Bundesverdienstkreuz mit Stern und Schulterband **(Foto K12)**, Großkreuz des Verdienstordens der Bundesrepublik **(Foto K13)**, Ehrenring des Deutschen Handwerks , Buber-Rosenzweig-Medaille, Internationaler Karls-Preis **(Foto K14)**, Europa-Preis für Staatskunst der Hamburger F. V. S.-Stiftung, »Mann des Jahres«, Financial Times und Le Point **(Foto K15)**, Goldene Kamera, HÖRZU, Europa-Preis Coudenhove-Kalergi , Rota International Award of Honour, Nehru Preis für Internat. Verständigung, Berkeley-Medaille der University of California at Berkeley **(Foto K16)**, Aristides Calvani-Preis der CDI, Bayerischer Verdienstorden.

Ehrendoktor der Universitäten **(Foto K17)** Tel Aviv, Maryland, Lublin, Harvard/USA und Salamanca **(Foto K18)**, Tongji-Universität von Shanghai.

Ehrenbürger seiner österreichischen Urlaubsgemeinde St. Gilgen, Berlin **(Foto K19)** und der kroatischen Stadt Split.

Familie: Helmut Kohl ist seit 1960 mit der Diplomdolmetscherin Hannelore, geb. Renner, **(Foto K20)** verheiratet. Frau Kohl wurde am **(Foto K21)** 7. März 1933 als Tochter eines pfälzischen Oberingenieurs in Berlin geboren. Sie wuchs **(Foto K22)** bis Kriegsende in Leipzig auf. Frau Kohl ist Präsidentin des »Kuratoriums ZNS« und kümmert sich in dieser Funktion um hirnverletzte Unfallopfer. Sie erhielt **(Foto K23)** dafür 1988 den Verdienstorden des Landes Rheinland-Pfalz. Das Ehepaar Kohl hat zwei **(Foto K24)** Söhne: Walter und Peter. Der Familienwohnsitz ist Oggersheim **(Foto K25)**. Die Lieblingsbeschäftigungen Helmut Kohls sind **(Foto K26)** historische Bücher, Musik, Essen und **(Foto K26)** Wandern, sein Lieblingsgericht ist **(Foto K27)** Pfälzer Saumagen.

Willy Brandt

Willy Brandt wurde als **Herbert Ernst Karl Frahm** am 18. Dezember 1913 in Lübeck **(Foto B1)** geboren. Seine Mutter, Martha Frahm (gest. 1969), arbeitete als Verkäuferin in einem Konsumverein. Sein Vater war, wie Brandt erst 1961 erfuhr, John Möller (1887–1958) aus **(Foto B2)** Hamburg. Die nichteheliche Geburt brachte Brandt später viele Schmähungen ein: Konrad Adenauer **(Foto B3)** pflegte ihn in Wahlkämpfen als »Willy Brandt alias Herbert Frahm« zu titulieren. Brandts Großvater,

als Knecht **(Foto B4)** aus Mecklenburg gekommen, war Sozialdemokrat. Bei ihm wuchs er auf.

Ab 1932 war Brandt bei einer Lübecker Schiffsmaklerfirma tätig, nach der Machtergreifung der NSDAP **(Foto B5)** wirkte er politisch im Untergrund. Er nannte sich nun Willy Brandt. Im April 1933 fuhr er auf einem Motorkutter nach Kopenhagen **(Foto B6)**, dann nach Oslo **(Foto B7)**. Nach dem Krieg kehrte er nach Deutschland zurück.

Im Jahre 1964 wurde er Vorsitzender der SPD und 1969 Bundeskanzler. Der Stasi-Spion Guillaume **(Foto B8)** zwang ihn 1974 zum Rücktritt.

Am 8. Oktober 1992 ist er gestorben **(Foto B9)**. Er war in erster Ehe (1941–44) in Schweden mit der Norwegerin Carlotta, geb. Thorkildsen, verheiratet. Eine Tochter Ninja arbeitete später als Lehrerin in Oslo. 1948 schloß er in Berlin **(Foto B10)** eine zweite Ehe mit Rut, geb. Hansen. Aus dieser Ehe stammen die Söhne Peter (geb. 1948), Lars (geb. 1951) und Mathias (geb. 1961). Peter Brandt promovierte im Februar 1973 summa cum laude über die Bremer Arbeiterbewegung. Er wurde 1975 wissenschaftlicher Assistent an der TU Berlin. Sohn Lars, bekannt durch eine Rolle in der Verfilmung **(Foto B11)** einer Grass-Novelle, »Katz und Maus«, eröffnete im März 1985 seine erste Einzelausstellung als Maler in der Galerie **(Foto B12)** »Lüdenscheid-West«. Mathias Brandt wurde Schauspieler. Wenige Monate nach einem Herzinfarkt hatte sich Brandt im Frühjahr 1979 von seiner Frau Rut getrennt. Neue Lebensgefährtin wurde Brandts langjährige Assistentin und frühere Chefredakteurin der »Berliner Stimme«, Brigitte Seebacher, die er 1983 in Unkel **(Foto B13)** heiratete. Willy Brandt sprach Englisch, Französisch, Norwegisch und Schwedisch. Er liebte Bücher (besonders über historische Themen), Angeln und weite Spaziergänge.
Seine Werke: (Auswahl) **(Foto B14)** »Guerilla-Krieg«, »Krieg in Norwegen«. »Ernst Reuter. Ein Leben für die Freiheit«, »Von Bonn nach Berlin«, »Mein Weg nach Berlin«, »Koexistenz – Zwang zum Wagnis«,

»Begegnungen mit Kennedy«, »Brandt-Reden 1961–65«, »Draußen. Schriften während der Emigration«, »Friedenspolitik in Europa«, »Außenpolitik – Deutschlandpolitik, Europapolitik«, »Reden und Interviews«, »Der Wille zum Frieden – Perspektiven der Politik«, »Plädoyer für die Zukunft«, »Zum sozialen Rechtsstaat«, »Bundestagsreden«, »Die Kraft der Vernunft. Politik der neuen Mitte«, »Über den Tag hinaus. Eine Zwischenbilanz«, »Die Partei der Freiheit. Reden über A. Bebel, F. Engels, K. Marx und O. Weis«, »Probleme des demokratischen Sozialismus«, »Begegnungen und Einsichten. Die Jahre 1960–1975«, »Links und frei. Mein Weg 1930 bis 1950«, »Hilfe in der Weltkrise. Ein Sofortprogramm«, »Zum sozialen Rechtsstaat. Reden und Dokumente«, »... auf der Zinne der Partei ...«, »Der organisierte Wahnsinn. Wettrüsten und Welthunger«, »... wir sind nicht zu Helden geboren«.

Auszeichnungen und Orden: (kleine Auswahl): **(Foto B15)** Großkreuz des Verdienstordens, Bundesrepublik Deutschland, Großkreuz des St. Olaf-Ordens, Norwegen, Großkreuz II. Klasse für Verdienste um die Republik Österreich, Großkreuz des Verdienstordens der Italienischen Republik, Orden »Del Libertad San Martin«, Großkreuz des Ordens von Oranien-Nassau, Niederlande, Großkreuz des »Danebrog-Ordens« Dänemark), Großkreuz 1. Klasse »Pro Merito Malitensi«, Vatikan, Grand Croix de L'Ordre de la Couronne, Belgien, Grand Croix de l'Ordre Royal de Vasa, Schweden, First Class of the Order of the Rising Sun, Japan, Großes Goldenes Ehrenzeichen am Bande für Verdienste um die Republik Österreich, Reinhold-Niebuhr-Preis, Bundesrepublik Deutschland, Großkreuz des Ordens der Ehrenlegion, Frankreich, Goldmedaille der internationalen jüdischen Organisation, USA, Sonnenorden, Peru.

Ehrendoktorate: University of Pennsylvania, University of Maryland, Harvard University in **(Foto B16)** Cambridge, New School for Social Research, New York, St. Andrews University Edinburgh, Universität Rio de Janeiro, University Oxford, University Yale, Weizmann-Institut, Israel **(Foto B17)**, Universität Straßburg, Aspen-Institute, Aspen/USA, Panteios-Hochschule für Politische Wissenschaften, Athen, Universität Southampton, Universität Florenz, Universität Leeds, Walsh College, Canton, Ohio, Freie Universität Brüssel, Universität Rio de Janeiro, Universität von Nicaragua, Universität Kent of Canterbury, Universität Granada, Elizabethtown College, Pennsylvania, Lomonossow-Universität Moskau, Seoul National University, Korea.

Ehrenbürger in Omaha, Astoria, Chicago, Texas, New York **(Foto B18)**, La Paz, New Orleans, Berlin **(Foto B19)**, Lübeck, Athen.

Hans-Dietrich Genscher

Hans-Dietrich Genscher, evangelisch **(Foto G1)** lutherisch, wurde am 21. März 1927 als einziges Kind eines Syndikus bei einem Landwirtschaftsverband in Reideburg bei Halle an der Saale geboren. 1933 zog die Familie nach **(Foto G2)** Halle. Den Vater verlor er schon 1937, die Mutter ist im Oktober 1988 gestorben.
Genscher besuchte in Halle die Friedrich-Nietzsche-Oberschule und studierte nach einer Ergänzungsreifeprüfung ab 1946 in der SBZ **(Foto G3)** an den Universitäten Halle und Leipzig die Rechtswissenschaften. 1949 legte er in Leipzig die erste juristische Staatsprüfung ab und war anschließend bis 1952 Gerichtsreferendar im OLG-Bezirk Halle.
Noch vor dem Abitur wurde Genscher ab 1943 im Krieg **(Foto G4)** als Flakhelfer eingesetzt, 1944 zum Reichsarbeitsdienst **(Foto G5)** eingezogen und leistete 1945 seinen Wehrdienst. Nach kurzer englischer Kriegsgefangenschaft **(Foto G6)** kehrte er im Juli 1945 nach Halle zurück. Er war dort bis zum Studiumsbeginn 1946 als Bauhilfsarbeiter beschäftigt. An Tuberkulose erkrankt, mußte er von 1946 bis 1957 insgesamt dreieinhalb Jahre in Krankenhäusern und Lungenheilstätten verbringen. Politisch engagierte er sich ab 1946 als Mitglied der ehemaligen Liberal-Demokratischen Partei (LDPD) in der späteren ehemaligen DDR. 1952 setzte er sich **(Foto G7)** in die Bundesrepublik ab und trat noch im gleichen Jahr der ehemaligen FDP bei.
Von 1974 bis 1985 war er Vorsitzender der ehemaligen FDP, von 1969 bis 1974 Bundesinnenminister **(Foto G8)** und von 1974 bis 1992 Bundesaußenminister. Als Höhepunkt **(Foto G9)** seines Lebens **(Foto G10)** bezeichnet Hans-Dietrich Genscher seine **(Foto G11)** Mitteilung vom Balkon **(Foto G12)** des Palais Lobkowitz, der Bonner **(Foto G13)** Botschaft in Prag, für die im Park **(Foto G14)** der Botschaft ausharrenden **(Foto G15)** DDR-Flüchtlinge.
Werke u.a.: (Foto G16) »Meine Rede vom Balkon des Palais Lobkowitz, der Bonner Botschaft in Prag, für die im Park der Botschaft ausharrenden DDR-Flüchtlinge«, »Bundestagsreden«, »Liberale in der Verantwortung«, »Deutsche Außenpolitik. Ausgewählte Reden und Aufsätze«, »Nach vorn gedacht ... Perspektiven deutscher Außenpolitik«, »Unterwegs zur Einheit«
Orden und Auszeichnungen u.a.: Großes Bundesverdienstkreuz mit Stern und Schulterband **(Foto G17)**; Orden wider den tierischen Ernst; German-American Tricentennial-Medaille; Großkreuz der französischen Ehrenlegion, Thomas-Dehler-Medaille in Gold; Ehrenbürgerschaft von Costa Rica und Reideburg; Theodor-Heuss-Preis; »Mann

des Friedens«; Onassis-Preis; Ehrenbürger der Stadt Halle; Immanuel-Kant-Preis; Großes Verdienstkreuz Polens; Großes Verdienstkreuz Ungarns; »Das goldene Schlitzohr«; zahlreiche Ehrendoktorhüte, z. B. Universität Budapest, Washington, Ottawa, Kattowitz.
Hans-Dietrich Genscher ist Vorsitzender des 1992 gegründeten Kuratoriums der Franckeschen Stiftungen **(Foto G18)** in Halle.
Seit 1969 ist er in zweiter Ehe mit seiner früheren Sekretärin Barbara, geb. Schmidt, verheiratet. Sie ist Schirmherrin der »Deutschen **(Foto G19)** Herzstiftung e. V.«, Frankfurt, und Ehrenvorsitzende des »Frauen- und Familiendienstes im Auswärtigen Amt«. Aus erster Ehe (1958) mit Luise Schweizer hat er eine Tochter Martina (geb. 1961), die ihn im April 1991 zum Großvater machte. Genscher ist **(Foto G20)** Fußball-Fan, schwimmt gerne, liebt klassische Musik (Dvorak, Tschaikowsky) und moderne **(Foto G21)** Malerei (Feininger).

Methodisch-didaktisches Spiel (mit Bewertung)

Sie stehen in der Kaufhalle an der Kasse. Vor ihnen steht zufällig eine der drei o.g. Persönlichkeiten. Sie werden gefragt, na wie geht's, ist es nicht schön, wiedervereint zu sein?

Was würden Sie antworten?

	Punkte
1. Bei Helmut Kohl	
a) Ja, mir geht es jetzt nicht schlechter als früher.	0
b) Ja, ich bin froh, »daß der Zug der Geschichte endlich im Bahnhof der Deutschen Einheit angekommen ist«.	5
c) Ja, danke, Herr Bundeskanzler.	10
2. Bei Hans-Dietrich Genscher	
a) Zwei plus vier sei Dank, sind die Russen jetzt weg.	0
b) Sie wisssen selbst, was Unfreiheit ist.	5
c) Ja, Ihre Rede in Prag war das Signal für uns.	10
3. Bei Willy Brandt	
a) Jetzt wächst zusammen, was zusammengehört.	5
b) Ja, der SPD sei Dank für die Entspannungspolitik.	0
c) Danke, Herr Brandt, daß Sie sich gegen Ihre Partei-Genossen durchgesetzt haben.	10

Fragebogen zum Thema 9

	Punkte
1. Welche Orden/Auszeichnung erhielt	
Helmut Kohl (CDU)	
a) Ehrenring des Deutschen Handwerks	10
b) Friedensnobelpreis	5
c) Großer Stern der Völkerfreundschaft	0
Hans-Dietrich Genscher (F.D.P.)	
a) Ehrenbürger von Halle	10
b) Das goldene Schlitzohr	5
c) Abzeichen für gutes Wissen	0
Willy Brandt (SPD)	
a) Großkreuz des Verdienstordens, Bundesrepublik Deutschland	10
b) Sonnenorden Peru	5
c) Karl-Marx-Orden	0
2. Wieviel Kinder haben die jeweiligen Persönlichkeiten	
Helmut Kohl (CDU)	
a) zwei Söhne	10
b) 80 Millionen	5
c) drei Töchter	0
Hans-Dietrich Genscher (F.D.P.)	
a) eine Tochter	10
b) einen Sohn	5
c) einen Hund	0
Willy Brandt (SPD)	
a) drei Söhne	0
b) unbekannt	10
c) vier Kinder	5
3. Wie beginnt die Hymne unseres Vaterlandes	
a) Deutschland, Deutschland über alles	10
b) Auferstanden aus Ruinen	0
c) Allein Gott in der Höh sei Ehr	5
4. Wie heißt unser jetziger Bundespräsident	
a) Helmut Kohl	5
b) Thomas Gottschalk	0
c) Roman Herzog	10

Auswertung (einschließlich methodisch-didaktisches Spiel): Höchstpunktzahl 110: ausgezeichnet; 105 Punkte: sehr gut; 95 – 100 Punkte: gut; 85 – 90 Punkte: ausreichend; unter 85 Punkte: ungenügend.

Thema 10
Der Tanz um das goldene Kalb
Von der Verwerflichkeit der Raffsucht

Methodisch-didaktische Hinweise für die Damen und Herren Kursleiter

☛ In den nächsten beiden Themen geht es, das müssen Sie wissen, für Ihre Umschüler um den wichtigsten Teil ihres bisherigen Lebens im Kommunismus, es geht um ihr **irdisches Wohlleben**. Ihre unersättliche Gier nach Reichtum, Geld und einem Leben in Luxus hatte sie vergessen lassen, woher sie einst kamen, wo ihre Wurzeln waren. Sie waren aus der Kirche ausgetreten, hatten dem Glauben ihrer Väter abgeschworen und sich den neuen atheistisch-kommunistischen Götzen und ihren Propheten angedient. Für sie als SED- und Staatsfunktionäre spielte **Geld keine Rolle**. Sie konnten willkürlich über jeden Betrag verfügen. Was man aber in der ehemaligen DDR nicht mit Geld erwerben konnte, wie Reisen, Wohnungen, Immobilien, Autos oder technische Geräte, beschafften sie sich durch ihre Sonder-Beziehungen. In speziellen Geschäften (Delikatess-, Exquisit- bzw. Intershop-Läden), zu denen nur sie Zutritt hatten, gab es alles auf besondere Bezugsscheine. Außerdem waren die Geschäftsführer, die die Verteilung dieser Dinge in anderen staatlichen Läden bestimmten, ebenfalls Mitglieder der SED-Staatspartei und waren gehalten, ihnen alles zu besorgen.
Sie, verehrte Kursleiter, müssen versuchen, Ihre Umschüler in diesem Punkt zu verstehen: Ein Atheist, für den es kein Leben nach dem Tode gibt, will natürlich den **Himmel schon auf Erden**. Nur ein gläubiger Christ weiß, daß es Wichtigeres im Leben gibt, als dem schnöden Mammon hinterherzujagen. Letztendlich wird also, wie wir wissen, nur ein tiefer Glaube Ihre Umschüler vom Geschwür ihrer unersättlichen Raffsucht befreien können. Um dahin zu gelangen, wenden wir hier die bewährte Form des heiligen Bußsakramentes an, die **Beichte**.
Bevor sich also Ihre Umschüler ändern können, bevor sie Reue zeigen und Besserung geloben, ist es nötig, eine **Gewissenserforschung** anzuregen. Auf wessen Kosten haben Ihre Umschüler bisher gelebt? Welche Rolle spielten Geld und Reichtum beim einfachen Volk der ehemaligen DDR? Dazu müssen Sie folgendes wissen:
Das einfache Volk der ehemaligen DDR lebte in bitterster Armut. Es mangelte an allem. Das DDR-Geld war wertlos, man nannte es »Aluchips«. Wollte man etwas erwerben, dann waren, wie gesagt, andere

Dinge vonnöten, wie etwa das SED-Parteibuch oder persönliche Beziehungen zu SED-Funktionären. Man konnte aber auch etwas eintauschen, wenn man im Besitz einer begehrenswerten Seltenheit war, eines Autos, eines Kühlschranks, einer Schreibmaschine, einer Antiquität oder von Westgeld. Für diese Dinge bekam man dann das zum Leben Notwendige. Für DDR-Geld bekam man **nichts**, keine Wohnung, kein Grundstück und keinen Handwerker.

Für das heutige Geld, die DeMark, bekommt man scheinbar alles. Aus dem totalen **Mangel** wurde ein **Überfluß** an Allem. Aber die Freiheit, sich plötzlich alles kaufen zu können, will gelernt sein.

Großzügige Kredite ließen viele im Osten maßlos werden. Ein Auto wurde gekauft, neue Kleidungsstücke, elektrische Handwerksmaschinen, ein Farbfernseher mit Videorecorder, eine Waschmaschine, eine Schreibmaschine oder gar ein Computer.

Die einfachen Leute der ehemaligen DDR wollten über Nacht all das besitzen, was sie bei ihrer privilegierten Oberschicht, also bei Ihren Umschülern, und bei ihren Verwandten im Westen gesehen hatten. Aber: Für all diese Dinge hatte man in der ehemaligen DDR seinen Glauben aufgeben und sich verbiegen müssen. Und bei uns in der Bundesrepublik hatte man dafür vierzig Jahre lang **hart gearbeitet und gespart**.

Das einfache Volk der ehemaligen DDR steht heute vor einem riesigen Berg von Schulden.

Und wessen Schuld ist das? Bestehen Sie auf der richtigen Beantwortung dieser Frage! Letztendlich, so hart das auch klingen mag, ist es nämlich ihre eigene Schuld! Soweit zur Gewissenserforschung.

Den nun folgenden notwendigen Willen zur **Reue** können Sie bei Ihren Umschülern voraussetzen, da diese ja an dem Anpassungs-Fortbildungslehrgang teilnehmen.

Nun zum **guten Vorsatz**. Damit Ihre Umschüler den guten Vorsatz fassen können, sich zu bessern, müssen Sie, verehrte Kursleiter, den Götzen Mammon entmystifizieren, um an seine Stelle andere Werte zu setzen. Es gilt, ihnen die Grundzüge der **christlichen Soziallehre** aufzuzeigen.

Aber, das sei hier auch gesagt, eine rein negative Haltung zum Geld wird Ihren Umschülern kaum helfen, umzudenken und ihr Leben neu zu ordnen. Ihr Ziel sollte sein, Geld zu erklären als das Symbol für **Geben und Nehmen**, es als Ausdruck aller menschlichen Beziehungen darzustellen.

Neben solcher allgemeiner Lebenshilfe sollten Sie aber auch eine persönliche **Beratung** anbieten. An vielen Ihrer Umschüler ist ja der Ab-

sturz vom privilegierten Wohlleben in der ehemaligen kommunistischen DDR in die Tiefen des normalen Lebens nicht spurlos vorübergegangen. Auch sie wollten ihr bisheriges Leben so weiterführen und haben sich vielfach in Schulden gestürzt. Wenn Sie in konkreten **Schuldenfragen** wenig Erfahrung haben, besorgen Sie ihnen die Adresse einer örtlichen Beratungsstelle. Auch die Kirchen haben solche **Einrichtungen des Trostes**.
Weisen Sie Ihre Umschüler aber auch andeutungsweise darauf hin, daß sie die Schulden nach erfolgreichem Abschluß des Lehrganges mühelos werden begleichen können.
Geld ist an sich ambivalent – es kann die Quelle allen Übels sein, es kann, wie wir wissen, aber auch Mittel zur Erlangung des **ewigen Heils** werden.
Um das Ihren Schülern verständlich zu machen, gehen Sie bitte kurz auf die Geschichte des Geldes ein. Hier beginnt dann die eigentliche Lektion. ☛

Was ist Geld?

Unsere Vorväter, die alten heidnischen Germanen, hatten bekanntlich noch kein Geld. Der Austausch der Waren erfolgte direkt, wie im Märchen vom Hans im Glück: Pferd gegen Kuh, Kuh gegen Schwein u.s.w. Das Märchen zeigt, daß es bei diesem Tausch keine verbindlichen Wertmaßstäbe gab. Es konnte also passieren, daß man einander übervorteilte. Deshalb wurde der Ruf nach einem verbindlichen Wert laut. Die Germanen erfanden das »fehu«, das Rind bzw. das Rinderfell. Die Slawen, also die Vorfahren Ihrer Umschüler, so wird berichtet, hatten Seidentücher als Zahlungsmittel. Das war alles sehr umständlich.
Nachdem Germanen und Slawen mit den Römern und den christlichen Missionaren in Kontakt gekommen waren, setzten sich auch bei ihnen die Metallmünzen durch. Es konnten jetzt problemlos die Kirchensteuern und die anderen Abgaben entrichtet werden. Der Handel und damit die Wirtschaft erblühten.
Durch Fleiß und Tüchtigkeit kamen einige unserer Vorfahren zu Reichtum. Sie fanden Gefallen am irdischen Wohlleben. Sie wollten immer mehr besitzen, immer besser leben.
Mit diesem Streben nach Reichtum ging im Geistigen ein zügelloser Liberalismus einher, der letztendlich zum Übel des Kommunismus führte. Andere Menschen, die weniger besaßen und schlechter lebten, wollten auch diesen Wohlstand. Es begann ein Wettlauf um irdische Güter. Daß dies der falsche Weg ist, steht bereits in der Heiligen Schrift:

»Sammelt euch nicht Schätze auf Erden, wo Rost und Motten sie zerstören und wo Diebe einbrechen und sie stehlen! Seid nicht ängstlich besorgt für euer Leben, was ihr essen sollt, noch für euern Leib, was ihr anziehen sollt. Betrachtet die Vögel des Himmels! Sie säen nicht, sie ernten nicht, und sie sammeln nicht in Scheunen, und euer Vater im Himmel ernährt sie. Seid ihr nicht viel mehr als sie? Und was seid ihr ängstlich besorgt um eure Kleidung? Betrachtet die Lilien des Feldes, wie sie wachsen! Sie arbeiten nicht und spinnen nicht. Ich sage euch aber: Nicht einmal Salomon in all seiner Herrlichkeit war gekleidet wie eine von ihnen. Seid also nicht ängstlich besorgt und saget nicht: was werden wir essen, was werden wir trinken, oder was werden wir anziehen? Denn all diese Sorgen machen sich die Heiden. Euer Vater weiß ja, daß ihr all dies nötig habt ...«

Nehmen, oder wodurch verdiene ich Geld?

Wie war das bisher? Womit habe ich mein Geld verdient? Durch **Arbeit**. Was aber ist Arbeit?
Wir versuchen gemeinsam, eine Antwort zu finden.

☛ Diese Antwort ist nicht einfach. Sie könnte Ihre Schüler verletzen. Schließlich ist niemand von ihnen ein Bäcker oder ein Fußballspieler, denen diese Frage nichts ausmacht.
Jede Definition, die Arbeit mit dem Begriff **Sinn** verbindet, ist daher ungeeignet.
Das hieße nämlich für Ihre Umschüler – den Funktionär, Offizier, Politlehrer, Systemkünstler oder Stasimann –, sie hätten vierzig Jahre lang nicht gearbeitet.
Kehren Sie die Sache um: Hätten Ihre Schüler im Westen gelebt, wären sie auch Bürgermeister, Politiker, Künstler, Offizier, Religionslehrer oder Sicherheitsbeamter geworden.
So wird aus persönlicher Schuld eine allgemeine, das ist wichtig.
Deshalb ist Arbeit, philosophisch gesagt, menschliche Tätigkeit an sich. Die einen stellen etwas her, die anderen denken darüber nach, handeln damit, organisieren oder beschützen es. Das politische System ist dabei zunächst egal. ☚

Arbeit und Faulheit

a) Arbeit, so heißt es, sei heutzutage knapp, es herrsche **Arbeitslosigkeit**.

Der Grund dafür liege angeblich darin, daß die Waren nicht mehr vom Menschen hergestellt würden, sondern von Maschinen und Automaten. In der Verwaltung und im Dienstleistungsgewerbe dagegen ist der Anteil der menschlichen Arbeit sehr hoch. Wer also wirklich und ehrlich Arbeit sucht, findet auch welche. Nicht immer die Arbeit, von der er träumt, und auch nicht gleich eine Beschäftigung am Wohnort. Bescheidenheit und Mobilität sind bei der Arbeitssuche daher gefragt.

b) Wirkliche Arbeitslosigkeit gibt es nicht. Das Nachwort »-losigkeit« klingt negativ, es verhindert die Aktivität des Arbeitssuchenden. Wir nennen deshalb die zeitweilige Nichtbeschäftigung eine **verlängerte Arbeitsplatzsuche**. Unterstützt wird sie vom Staat durch Beihilfen. Diese Zahlungen in Form von Arbeitslosengeld und Sozialhilfe sind im Osten so hoch, daß sie ein Vielfaches der Löhne und Gehälter in der ehemaligen kommunistischen DDR betragen. Dadurch wird die Faulheit der Ostdeutschen zusätzlich unterstützt.
Aber auch bei uns im Westen sind diese Beträge in letzter Zeit so gestiegen, daß sich viele nicht mehr die Mühe machen, die Schwierigkeiten der Arbeitsplatzsuche auf sich zu nehmen. Sie überlassen alles den Arbeitsämtern. Diese sind zunehmend den erhöhten Anforderungen nicht mehr gewachsen. Zudem verhindert ihr zentraler Dirigismus eine für den wirtschaftlichen Aufschwung notwendige Flexibilität. Eine Privatisierung der Arbeitsvermittlung, wie sie durch den Gesetzgeber teilweise schon eingeleitet wurde, war deshalb an der Zeit.
Gegenwärtig sind etwa vier Millionen Menschen in unserer Bundesrepublik auf Arbeitssuche. Deshalb meinen einige, dies sei ein allgemeines Phänomen. Sie glauben, sich nicht richtig bemühen zu müssen, um so ihre Arbeitsunlust überdecken zu können. Sie beziehen lieber die hohen Sozialleistungen, machen sich ein schönes Leben und verharren in Untätigkeit. »Müßiggang« aber, so sagt schon das Sprichwort, »ist aller Laster Anfang.« Es ist deshalb zu begrüßen, daß die Regierung dem einen Riegel vorschieben und dementsprechende Gesetze erlassen will. Diejenigen Empfänger von Sozialhilfe, die nicht gewillt sind zu arbeiten bzw. auch einfache Arbeiten zu verrichten, werden das bald zu spüren bekommen.

c) Als der Heilige Vater im Juni 1996 das erste Mal im wiedervereinten Deutschland weilte, warnte er uns zu Recht vor habsüchtigem Geiz und ungezügelter Profitgier. Er ermahnte uns, mit den Armen dieser Welt zu teilen. Viele unserer deutschen Firmeninhaber gingen uns bereits ein gutes Stück dieses Weges voran. Sie verlagerten ihre Produk-

tionen in die armen Länder des Ostens, erbauten dort sogar einige neue Fabriken, um diesen Ländern bei ihrem wirtschaftlichen Aufschwung zu helfen. Dabei wurden sie unterstützt von den dortigen Arbeitnehmern. Die haben noch eine gesunde Einstellung zur Arbeit, ein hohes Pflichtbewußtsein und sind bei ihren Lohnforderungen maßvoll und bescheiden. Diese Genügsamkeit wird die Gewähr dafür bieten, daß unsere Hilfe zur Stabilität in ihren Ländern beiträgt und hilft, die demokratischen Reformen durchzusetzen.
Ganz anders ist das Bild bei uns. Jahrzehntelange **Forderungen** der Gewerkschaften haben die **Löhne in die Höhe** geschraubt. Das hieß, man wollte immer weniger arbeiten für immer mehr Geld. Unser deutsches Produkt wurde dadurch so teuer, daß es international nicht mehr konkurrenzfähig ist. Die hohen Löhne schaden unserer Wirtschaft. Obwohl sich viele Unternehmer nur noch ein ganz geringes Gehalt auszahlen ließen, gingen sie bankrott. Dadurch entgehen unserem Staat Milliarden von Steuergeldern, die er braucht, um seine vielfältigen Aufgaben zu erfüllen.
Aus diesem verhängnisvollen Kreislauf gibt es nur einen Ausweg: Arbeitsplätze auch zu Hause sichern durch angemessene Arbeitszeiten und maßvolle Löhne. Das Maß kann aber nur die einzelne Firma bestimmen.

d) Nach einem arbeitsreichen Leben gibt es für alle eine **Rente bzw. Pension**. Dieses Geld wurde jahrzehntelang erarbeitet und in die Rentenversicherung eingezahlt. Die Rentner aus den neuen Bundesländern aber haben in unsere Rentenkassen nichts eingezahlt. Ihre Beiträge in ihrem damaligen wertlosen Geld wurde durch wirtschaftliche Fehlspekulationen der Funktionäre verpulvert oder von der SED-Führungskaste verpraßt. Ihr Staat war am Ende bankrott, er hatte nur Schulden. Trotzdem erhalten diese ehemaligen DDR-Bürger großzügigerweise eine gewisse Rente. Und obwohl diese Renten um ein Vielfaches höher sind, als ihre kommunistischen DDR-Renten je gewesen wären, sind viele ostdeutsche Rentner unzufrieden. Das hängt teilweise mit dem verständlichen Umstand zusammen, daß ältere Menschen immer etwas unzufrieden sind und zum Nörgeln neigen.
Aber einige, in der Hauptsache ehemalige Stasi-Spitzel und hohe SED- und Staatsfunktionäre, sprechen sogar unverschämterweise von »Strafrenten«. Sie haben ein sogenanntes Komitee der Menschenrechte gegründet und fordern die Wiederherstellung ihrer alten Privilegien. Sie können von Glück reden, daß unsere Gesetze ihnen so etwas noch erlauben. Würde man tatsächlich bei ihnen Gerechtigkeit walten las-

sen, dann sähen »Strafrenten« für sie ganz anders aus. Aber ihr Geschrei um diese angeblichen Strafrenten und ihre Komitees sind ja nichts anderes als eine Art Fortsetzung des kalten Krieges. Ihr alter Haß auf unsere demokratische Ordnung kommt hier wieder zum Ausbruch. In Wirklichkeit haben sie privat ihr Schäfchen schon lange im Trockenen. Über ihre Partei, die SED/PDS, lassen sie sich von deren Schweizer Milliarden-Vermögen dicke Sonderrenten auszahlen. Viele einfachen Rentner im Osten wissen das, und hier, in dieser **Ungerechtigkeit**, liegt der eigentliche Grund für ihre berechtigte Unzufriedenheit.

Methodisch-didaktisches Spiel (ohne Bewertung)
Wie schreibe ich eine Bewerbung?

In Ihrer Zeitung ist in einer Annonce beispielsweise die Stelle eines Oberrealsteuerprüfungsassistenten bei der Landesregierung (Gehaltsgruppe B IV/ 14-73) öffentlich ausgeschrieben. Sie möchten sich für dieses Amt bewerben. Worauf haben Sie in Ihrer Bewerbung zu achten?

☛ **Hinweis:** Lassen Sie ruhig Ihre Schüler assoziativ und unsystematisch alle Punkte auf der Tafel zusammentragen, die ihnen einfallen. Am Schluß ordnen Sie sie, weisen auf Fehlendes hin und ergänzen die fiktive Bewerbung unter Berüchsichtigung folgender Punkte: ☚

a) **Tabellarischer Lebenslauf** mit zwei Paßbildern (nach den üblichen Vordrucken).
Achten Sie darauf, daß nichts genannt wird, was auf die Mitgliedschaft in irgendeiner politischen Organisation schließen läßt.

b) **Tabellarische Schulbesuche.** Dabei vermeiden Sie die offizielle Schulbezeichnung wie »POS Ernst Thälmann«, »EOS Jurij Gagarin« oder »Pionierleiterschule Tamara Bunke«.
Sie schreiben stattdessen »Grundschule«, »Oberrealschule« und »Personalschule für Führungskräfte«. Auch ein Studium beispielsweise der »politischen Ökonomie« hieße in der Bewerbung »Studium der Wirtschafts- und Finanzphilosophie zu Berlin«.
Am Schluß der Bildungs-Entwicklung unbedingt den Besuch und erfolgreichen Abschluß des Umschulungslehrganges angeben (Kopie der Urkunde beilegen).

c) Schreiben Sie unter der Rubrik »berufliche Motivation« nicht, Steuern interessieren Sie. Besser wäre: Ihr besonderes Hauptinteresse lag schon immer bei finanztechnischen und -philosophischen Fragen unter besonderer Berücksichtigung ihres Zusammenwirkens mit dem Funktionieren des Gemeinwohls.
d) Verweisen Sie auf **alle** besuchten Studien, Lehrgänge und deren gewissenhaften und **erfolgreichen Abschluß**. Damit zeigen Sie nicht nur Ihre hohe **Disziplin**, Ihren **Fleiß** und Ihre **saubere Lebensführung**, sondern auch Ihre sympathische **Anpassungsfähigkeit**. Sie wußten und wissen sich einzugliedern und ggf. unterzuordnen.

e) Merken Sie an, daß Sie seit langem im Besitz eines Führerscheins und eines PKW sind, und weisen Sie damit auf Ihre **Mobilität** hin. Lassen Sie anklingen, wenn sie nicht in der Landeshauptstadt wohnen, daß Sie trotz ihres eventuell vorhandenen Eigenheims nicht unbedingt ortsgebunden sind.

f) Vermeiden Sie unbedingt jegliche Anspielung auf irgendeine konkrete **parteipolitische Aussage**. Erstens ist es bei leitenden Beamten egal, welcher demokratischen Partei sie angehören. Zweitens wissen Sie nicht, wer Ihren Antrag prüft. Ihre obersten Chefs, von den Parteien eingesetzt, wechseln sowieso alle vier Jahre.

Fragebogen zu Thema 10	Punkte
1. Was ist Arbeit?	
a) Die Erfüllung des göttlichen Auftrages »Machet euch die Erde untertan«	10
b) Die Herstellung materieller Güter	5
c) Zeitverschwendung	0
2. Verlängerte Arbeitsplatzsuche entsteht durch	
a) eigene Unfähigkeit	0
b) zuviel Technik	5
c) überzogene Lohnforderungen der Gewerkschaften	10
3. Über Lohn und Arbeitszeit haben zu entscheiden	
a) die Gewerkschaften	0
b) die einzelnen Firmenleitungen in Absprache mit den Beschäftigten	5
c) die Firmeninhaber	10
4. Die Renten und Pensionen für die neuen Bundesbürger sind	
a) eine Sache der Gerechtigkeit	5
b) ein Geschenk	10
c) vom DDR-Staatsvermögen eingebracht	0

Auswertung: Höchstpunktzahl 40: ausgezeichnet; 35 Punkte: sehr gut; 30 Punkte: gut; 25 Punkte: ausreichend; unter 25 Punkte: ungenügend.

Thema 11
»Geben ist seliger denn Nehmen«
Wie man sein Leben ordnet

Methodisch-didaktische Hinweise für die Damen und Herren Kursleiter

☛ Beim Währungsumtausch zeigte sich, daß das einfache Volk der ehemaligen DDR kaum über finanzielle Ersparnisse verfügte. Es lebte von der Hand in den Mund, und nur wenige besaßen ein schmales Konto auf der Sparkasse, dem einzigen Geldinstitut der kommunistischen DDR. Ihre Umschüler dagegen, in der Hauptsache SED-Funktionäre, lebten in Saus und Braus. Viele von ihnen besaßen sogenannte unbeschränkte Konten bei parteieigenen Banken, von denen sie nach Herzenslust Geld abheben konnten. Da diese Banken und Privatkonten aber im Zuge der Währungsunion aufgelöst wurden, sind Ihre Umschüler nun dem einfachen Volk gleichgestellt.
Nur die SED/PDS konnte durch kriminelle Transaktionen ins Ausland einen großen Teil des widerrechtlich erworbenen Parteivermögens auf ausländischen Konten verstecken. Damit finanzieren sie heute wieder ihre Propagandafeldzüge und mischen sich mit Verleumdungskampagnen alten kommunistischen Stils in die Wahlkämpfe ein. Trotz einiger großangelegter Fahndungsaktionen ist es bis heute leider noch nicht gelungen, an dieses Geld heranzukommen, um diese Machenschaften zu unterbinden.
Ihre Umschüler aber, die sich größtenteils von dieser Partei losgesagt haben, müssen heute wie die einfachen Menschen aus der ehemaligen kommunistischen DDR den Umgang mit Geld neu erlernen. Hinzu kommt, daß ihr neues Geld, die DeMark, die härteste Währung der Welt ist und man mit ihr scheinbar alles im Leben erreichen kann. ☚

Das Haushaltsbuch

Nun zum Thema: Bei den Familien in den alten Bundesländern hat sich die Führung eines sogenannten Haushaltsbuches bewährt. Darin werden die monatlichen Einnahmen und Ausgaben vermerkt. Nachfolgend ein Beispiel:

a) Einnahmen:

- Lohn
- bzw. Rente/Pension
- bzw. Arbeitslosengeld
- bzw. Arbeitslosenhilfe
- bzw. Sozialunterstützung
- Zinsen der Guthaben
- Miet- u. Pachteinnahmen
- Darlehensrückzahlungen
- Steuerrückerstattung

b) Notwendige Grundausgaben:

- Miete
- Strom
- Gas
- Wasser
- Nahrungsmittel
- Kleidung
- Gebühren für Rundfunk und Fernsehen
- Zeitungen
- Versicherungen: Auto-, Haus-, Boot-, Ferienhaus-, Rechtsschutz-, Lebens-, Arbeitslosen-, Unfall-, Hausrat- und Familienversicherung
- Beiträge für Vereine
- Verschleiß der Haushaltstechnik (in % vom Anschaffungswert)
- Zusatzkosten für Arzt bzw. Medikamente
- Ratenzahlungen, wenn nötig

c) freiwillige Ausgaben:

Nachdem man von den Einnahmen die notwendigen Ausgaben abgezogen hat, bleib ein **Rest**. Er wird bei Ihren Umschülern zur Zeit gering sein. Weisen Sie darauf hin, das sich das nach dem Lehrgang ändern kann.
Nehmen wir an, jemand ist beispielsweise stellvertretender Abteilungsleiter in einer Behörde. Sein Nettogehalt beträgt achttausend DM.
Nach Abzug der notwendigen Grundausgaben bleiben ihm viertausend DM zur freien Verfügung. Was macht er mit diesem Betrag?
Er könnte ihn **sparen**. Auf jeder Bank bzw. Sparkasse gibt es versierte Fachleute, die ihm die für ihn günstigste Form des Sparens vorschlagen. Dadurch schafft er sich eine solide finanzielle Altersversorgung.
Aber: Gilt das auch für die Umschüler? Nach erfolgreichem Abschluß des Lehrganges könnten sie entweder im öffentlichen Dienst Beamter,

in der privaten Wirtschaft gemäß ihren Fähigkeiten ein Manager oder, falls sie politische Verantwortung übernehmen möchten, Abgeordneter einer demokratischen Partei geworden sein. Dadurch erlangen sie automatisch eine ausreichend hohe **finanzielle Alterssicherung**.
Bis zur Pensionierung aber stehen sie dann im Lichte der Öffentlichkeit. Ihre soziale Stellung und damit ihr berufliches und politisches Fortkommen hängt auch von ihrer äußeren Erscheinung ab.
Ihr **persönliches Erscheinungsbild** ist also **nicht** mehr nur ihre **Privatsache!**
Warum ist das so? Schon die alten Römer kannten den Spruch: »mens sana in corpore sano«, d.h. ein gesunder Geist kann nur in einem gesunden Körper wohnen. Anders gesagt: Ihr Körper, Ihre äußere Erscheinung ist das Spiegelbild Ihrer Seele. Keinesfalls geht es darum, mehr zu scheinen, als zu sein! Wir wollen das Gegenteil, die Kongruenz, d.h. die Übereinstimmung von Innerem und Äußerem.
Auch in der Geschichte unserer Bundesrepublik gab es eine kurze Epoche, da wurde dem Gegenteil gefrönt. Es war die Zeit der 68er-Unruhen. Da wurde es auch bei anerkannte Persönlichkeiten Mode, sein Äußeres zu vernachlässigen. Lange ungepflegte Haare, billige und nachlässige Kleidung galten als chic. Der geistige Hintergrund dieser Zeit war die Infragestellung unserer staatlichen Ordnung. Bei anarchistischen Studentenrevolten wurden kommunistische Parolen nachgebetet, die in Forderungen nach einem zügellosen Liberalismus mündeten. Auch äußerlich wollte man das kundtun durch ein nachlässiges Erscheinungsbild, man wollte protestieren gegen das »bürgerliche Establisment«.
Diese Zeit ist lange vorbei. Die »Revolutionäre« von damals sind heute verantwortungsvolle Politiker, gewissenhafte Staatsdiener oder anerkannte Wissenschaftler. Auch ihr äußeres Erscheinungsbild trägt dem Rechnung.

Wie erreiche ich ein gepflegtes äußeres Erscheinungsbild?

Damit Ihre Umschüler auch in diesen Fragen für ihre zukünftigen Aufgaben gerüstet sind, hier ein paar diesbezügliche Ratschläge, die für Sie, verehrte Kursleiter, selbstverständlich sein mögen, für Ihre Umschüler jedoch absolutes Neuland bedeuten.
Das äußere Erscheinungsbild sollte äußerste Korrektheit in der Bekleidung, Gepflegtheit im Äußeren sowie eine gewisse Dynamik ausstrahlen. Um das zu erreichen, ist folgendes zu tun:
Erstens besuche man regelmäßig folgende Einrichtungen:

• **Fitneßstudio.** Ständige Leibesübungen tragen zur körperlichen Ertüchtigung bei. Die Dynamik der Bewegungsabläufe wird so verbessert. Auch der Körper, sollte man wissen, spricht eine Sprache.
• **Kosmetikstudio.** Gesichtsfalten machen alt. Man erscheint dadurch zwar weise und abgeklärt, andererseits aber als nicht sehr lernfähig, nicht sehr anpassungsfähig und für die Übernahme neuer Verantwortungen weniger geeignet. Maniküre empfiehlt sich auch bei Herren. Eventuellem Körpergeruch begegnet man mit einem dezenten, unaufdringlichen Deo bzw. Parfüm.
• **Bräunungsstudio.** Blasse Menschen machen einen kranken, unzuverlässigen Eindruck.
• **Modefriseursalon.** Bei Menschen mit ungepflegten Frisuren oder gar fettigem ungewaschenem Haar denkt man an Asozialität. Eine fesche, gepflegte und dem Typ angepaßte Frisur vollendet das Erscheinungsbild.

Zweitens achten Sie bitte auf **Markenkleidung**, auch bei den Schuhen, das wird oft vergessen. Strengstens abzulehnen ist offensichtliche Billigkleidung asiatischer Herkunft sowie Kleidungsstücke in grellen Farben oder gar mit Werbeaufdrucken. Ein Anzug in gedeckten Farben mit weißem bzw. farblich entsprechendem hellen Hemd, einer dezenten Krawatte oder Fliege empfiehlt sich dagegen. Bei Damen erfüllt ein entsprechendes Kostüm die gleiche Funktion. Hosen sind für Damen ungeeignet und wirken abstoßend.

Geachtet werden sollte auch auf entsprechenden **Schmuck**. Krawattennadel, Ring, Uhr, Armband, bei Damen Halsschmuck, sollten unauffällig sein. Auffälliger Schmuck wird nur im sogenannten Rotlicht-Milieu getragen.

Drittens achten Sie bitte auf die Marke und die Größe Ihres **Autos**.

Sind Sie im öffentlichen Dienst beschäftigt, empfielt sich eine deutsche Marke. Das zeigt Ihr »Wir-Gefühl« (Mercedes, BMW, Opel oder VW). Typ und Größe hängen auch vom Auto Ihres Vorgesetzen ab. Es sollte auf keine Fall größer als dessen Auto sein. Es empfiehlt sich der gleiche Typ, dadurch ergeben sich zusätzliche Möglichkeiten der Kommunikation.

Viertens gehört zu Ihnen ab einer gewissen Einkommensklasse ein **Eigenheim**. In den alten Bundesländern ist das weitgehend der Fall, hier gilt es aufzuholen. Bei der Einweihung lädt man den Chef und die Kollegen ein. Bei der Bewirtung nicht an der falschen Stelle sparen (z.B statt einfachem Sekt – Champagner). Was Größe und Typ des Hauses angeht, gilt das gleiche wie beim Auto.

Fünftens ist Ihr **Urlaubsziel** wichtig. Es sollte weder in Osteuropa (Polen, Ungarn, Tschechien), noch Nordafrika (Tunesien, Algerien) sein. Ebenso nicht in Mallorca. Es empfielt sich etwas exotisches, China etwa oder eine Karibik-Kreuzfahrt.

Sechstens achten Sie darauf, daß ihr **Lebensstandard bekannt** wird. (Die Kollegen kennen Ihr Einkommen nicht, ebensowenig, wie Sie das ihre kennen dürfen.) Tragen Sie stets Fotos von Ihrer Familie, Ihrem Haus, Ihrem Auto, Ihrem Boot, Ihrem Ferienhaus und Ihrer letzten Urlaubsreise mit sich. Zeigen Sie diese aber nur, wenn das Gespräch darauf kommt.

Siebentens: Das System der **Steuern** ist eine Wissenschaft für sich. Sie können gar nicht wissen, wieviel Ihnen durch Unkenntnis jährlich an Steuerrückerstattung entgeht. Nehmen Sie sich einen Steuerberater, er macht sich auf jeden Fall bezahlt.

Achtens ist wichtig, daß Sie sich ausreichend **versichern**. Erkundigen Sie sich beim Fachmann über das für Sie geeignetste Sicherheitssystem für sich, Ihre Familie und Ihre Habe.

Methodisch-didaktische Spiele (ohne Bewertung)

1. Persönlichkeits-Puzzle

Schneiden Sie aus illustrierten Zeitschriften Porträts verschiedener Menschen aus: ein leitender Beamter bzw. Industrieller, ein Top-Model, ein mittlerer Angestellter und eine einfache Arbeitnehmerin. Dazu Bilder von verschiedenen Autos: ein Mercedes 300 SL, ein Porsche, ein VW Golf und ein gebrauchter Japaner, Postkarten von Urlaubszielen (China, Karibik, Italien), Haus- und Bootstypen.

Bekleben Sie die Fotos auf der Rückseite mit einem Streifen Sandpapier und spannen Sie ein Leinentuch über die Tafel. Sodann heften Sie die Fotos wahllos vermischt auf das Tuch und bitten Sie die Schüler, die jeweiligen Fotos den Personen zuzuordnen. Dadurch ergeben sich interessante Gespräche, die schon auf das nächste Thema weisen.

2. Monopoly

Das bei uns bekannte und beliebte Familien-Spiel vermittelt sehr eindrucksvoll die Grundstrukturen unseres Gemeinwesens. Es nimmt aber einige Zeit in Anspruch und kann deshalb Ihren Schülern nur erklärt und wärmstens empfohlen werden.

Fragebogen zu Thema 11

	Punkte
1. Sie haben im Lotto eine Million Mark gewonnen. Was machen Sie damit?	
a) Sparen und überlegen	5
b) Verprassen	0
c) Einen Großteil der Familie und der Kirche spenden	10
2. In einem Haushaltsbuch sind vermerkt	
a) monatliche Ein- und Ausgaben	10
b) das Inventar des Haushaltes	5
c) die Geburtstage der Verwandten	0
3. Ich zahle Kirchensteuern	
a) obwohl ich nicht in der Kirche bin	5
b) weil ich in der Kirche bin	10
c) ich zahle keine	0
4. Ich bin ausreichend versichert, weil	
a) ich mich überreden ließ	0
b) etwas passieren könnte	10
c) ich das von der Steuer absetze	5
5. Meine soziale Stellung und mein berufliches Fortkommen sind abhängig	
a) von meinen fachlichen Fähigkeiten	5
b) vom Zufall	0
c) von meinem Erscheinungsbild	10
6. Als stellvertretender Abteilungsleiter verbringe ich meinen Urlaub	
a) in Polen	0
b) in Deutschland	5
c) in der Karibik	10
7. Mein Auto ist	
a) ein Fortbewegungsmittel	0
b) Ausdruck meiner sozialen Stellung	10
c) mein Hobby	5

Auswertung: Höchstpunktzahl 70: ausgezeichnet; 65 Punkte: sehr gut; 60 Punkte: gut; 55 Punkte: ausreichend; unter 55 Punkte: ungenügend.

Thema 12
»... Glaube, Hoffnung, Liebe«
Die moralischen Grundwerte des Abendlandes

Methodisch- didaktische Hinweise für die Damen und Herren Kursleiter

☛ Zu Beginn dieser letzten Lektion empfehlen wir Ihnen, den Umschülern das dreizehnte Kapitel aus dem ersten Brief des Heiligen Paulus an die Korinther vorzulesen. In ihm geht es um die Dreieinigkeit von **Glaube, Hoffnung und Liebe**. Diese drei christlichen Tugenden bilden zusammen mit den Zehn Geboten die **moralischen Grundwerten unseres Abendlandes**.
Ihre Umschüler werden erstaunt sein, wie aktuell solche zweitausend Jahre alten Botschaften sein können. Im Kommunismus besaßen sie auch diese drei Tugenden, aber ihr **Glauben** an die falschen Propheten erwies sich als **Irrglauben**, ihre **Hoffnung** auf ein Paradies auf Erden als **trügerisch** und ihre **Liebe** zu den kommunistischen Götzen als **vergeblich**.
Danach bitten wir Sie, die beiden Begriffe **Ethik und Moral** zu erklären. Ihre Umschüler wissen mit diesen Worten wenig anzufangen. Moral ist für sie Sexualtität. Sie verstehen unter »moralisch« bzw. »unmoralisch« nur Fragen des ehelichen bzw. außerehelichen Geschlechtsverkehrs. Alle anderen Dinge waren im Kommunismus ja politische Werte.
Die Lehre von der Moral, wir nennen sie Ethik, gab es, dem Namen nach, auch im Kommunismus. Die kommunistische »Ethik« war eine Lehre von der Unmoral. Sie war durch den Atheismus geprägt und diente dazu, das Wohlleben der Funktionäre auf Kosten des Volkes zu rechtfertigen.
Die Exegese (d.h. Erklärung, Entschlüsselung) der Zehn Gebote ist sehr ausführlich. Wir glaubten, dies tun zu müssen, da bei Ihren Umschülern der Glaube an jegliche moralischen Werte durch den Zusammenbruch des Kommunismus zerstört wurde.
Im Kapitel »Von den letzten Dingen« werden sie, besonders bei jüngeren Umschülern, in erstaunte Gesichter blicken. Sie haben noch nie etwas vom Himmel, vom Fegefeuer und der Hölle gehört und wenn, dann nur abfällig und verspottend. Den älteren Umschülern aber werden vielleicht diese Wahrheiten noch aus ihrer Kindheit vertraut sein. Wie oft geschah es nämlich im Kommunismus, daß hartgesottene Atheisten, vor allem hohe Parteibonzen, plötzlich auf dem Sterbebett

ganz klein wurden, Reue empfanden und demütig nach einem Priester verlangten, um zum Schluß noch die heiligen Sterbesakramente zu empfangen.
Und noch etwas: Sie haben vielleicht gemerkt, verehrte Damen und Herren Kursleiter, daß wir im Laufe unserer Lektionen zunehmend vom »Sie« bzw. »Du« zum »Wir« übergegangen sind. Besonders in dieser letzten Lektion ist das »Wir« sehr wichtig: **wir** glauben, **wir** lieben, **wir** sündigen etc. Diesem »Wir-Gefühl« kann man sich schwer entziehen. Für den Erfolg dieser letzten Lektion erbitten wir für Sie im Besonderen Gottes Segen! ☚

Die drei christlichen Grundtugenden

1. Der Glaube

Zunächst ein Wort Gottes: **»Selig, die nicht sehen und doch glauben«** (Job. 20, 29). Manchmal bedeutet das Wort »glauben« soviel wie vermuten, z. B. wenn wir sagen: Ich glaube, daß es regnen wird. Wenn wir aber sagen: Ich glaube, was mir mein Nachbar gesagt hat, dann bedeutet das Wort »glauben«: etwas fest für wahr halten. In diesem Sinne ist das Wort »glauben« gemeint, wenn wir bekennen: Ich glaube, was Gott geoffenbart hat.
Was Gott geoffenbart hat, lehrt uns die katholische Kirche. »Durch die Kirche soll die mannigfache Weisheit Gottes kund werden« (Eph. 3, 10). Darum müssen wir auf die Kirche hören und alles glauben, was sie uns zu glauben befiehlt. Das gilt auch selbstverständlich für so etwas scheinbar Unlogisches wie die unbefleckte Empfängnis der Heiligen Jungfrau Maria.
Wir schützen unseren Glauben, indem wir ein **christliches Leben** führen und alles meiden, was dem Glauben Gefahr bringt. Ein stolzes Herz und ein unkeusches Leben führen oft zum Unglauben. Wer gezwungen ist, in einer **glaubenslosen Umgebung** zu leben, wie man sie leider noch allzuhäufig in den neuen Bundesländern antrifft, soll eifrig beten. Gegen den Glauben sündigt, wer glaubensfeindliche Schriften liest oder wer durch vertrauten Umgang mit gottlosen Menschen seinen Glauben in Gefahr bringt.
Unser Glaube schließt auch den Glauben an eine **gottgewollte Ordnung** in der Welt ein. Wer nicht an sie glaubt, oder sich ihr gar widersetzt, begeht eine schwere Sünde. Die kommunistischen Staaten widersetzten sich dieser Ordnung. Zu Recht hat daher der amerikanische Präsident Ronald Reagan seinerzeit vom Kommunismus als »Reich des Bösen« gesprochen.

Unser heutiges deutsches Vaterland aber, von christlichen Politikern gelenkt, ist Teil der göttlichen Ordnung. Es gehört zu Gottes Plan, jedem Land bestimmte Aufgaben zuzuweisen. In der Vergangenheit war unser Volk schweren Prüfungen ausgesetzt. Viele hatten im Krieg große Schuld auf sich geladen, und jahrzehntelang haben wir dafür gebüßt. Heute sind wir wieder ein würdiges und hochgeachtetes Glied in der Gemeinschaft der Völker. Gottes Plan hat uns durch das gedeihliche Wachsen unseres Staatswesens auch besondere Pflichten auferlegt: Europa zu einigen und den Osten zu missionieren. Daran zu glauben und es zu unterstützen, heißt, gottgefällig zu handeln. Daran zu zweifeln aber heißt, an Gott zu zweifeln, und ist eine schwere Sünde. **Der Glaube ist wie eine Wurzel**, aus der alle anderen Tugenden hervorwachsen.

2. Die Hoffnung

Gott hält, was er verspricht, und darum **hoffen** wir auf Gott. Er hat uns vor allem die **himmlischen Güter** versprochen. »Das ist es, was er uns verheißen hat: das ewige Leben« (1 Joh. 2, 25). Aber Gott will uns auch die **irdischen Güter** geben, die wir auf dem Weg zum Himmel nötig haben: Gesundheit, Nahrung und Kleidung. Auch in Armut, Krankheit und Not vertrauen wir, daß Gott alles zum Besten lenkt; wir legen unser Leben voll Vertrauen in seine Hand. Wer zu wenig auf Gott vertraut, sündigt durch **Kleinmut**. Wer gar nicht mehr hofft, sündigt durch **Verzweiflung**. Wer etwas von Gott erwartet, was sich mit Gottes Plänen nicht verträgt, sündigt durch **Vermessenheit**.
Wie aber sollen wir hoffen? Dazu ein kleines Beispiel aus dem Leben: Eine alleinstehende Mutter von schulpflichtigen Kindern hat plötzlich ihren Arbeitsplatz verloren. Sie ist voll Hoffnung, einen neuen zu bekommen. Doch all ihre Mühe, Arbeit zu finden, ist vergeblich. Sie wird ängstlich und kleinmütig, sie verzweifelt und betet schließlich, daß Gott ihr einen neuen Arbeitsplatz schenke. Aber weiß sie denn, ob Gott sie nicht prüfen wollte?
Was hat er mit ihr vor? Wollte er vielleicht der Mutter endlich wieder Zeit für ihre Kinder schenken? Oder wollte er ihr die Augen öffnen für die vielen ehrenamtlichen caritativen Felder, die es zu bestellen gilt? Warten dort nicht viel schönere, erhabenere Aufgaben auf sie, als der bloße Gelderwerb durch stumpfe primitive Tätigkeiten? Wieviele Frauen – auch in den neuen Bundesländern – haben das bereits erkannt und so ihre falsche Verzweiflung überwinden können. Gottes Wille erkennend, wurden sie stark und konnten nun anderen, die noch in sündiger Verzweiflung verharrten, mit Rat und Trost beiseitestehen.

Wieviel innere Befriedigung durften diese Frauen erfahren, da sie ihre **falsche Hoffnung** begruben und stattdessen ihr Leben wieder voll Vertrauen in Gottes Hand legten!

3. Die Liebe

Unsere Liebe zu Gott zeigt sich darin, daß wir in allem seinen Willen erfüllen. »Darin besteht die Liebe zu Gott, daß wir seine Gebote halten« (1 Joh. 5,3). Weil Gott uns liebt, ist es Sünde, wenn man gegen ihn gleichgültig ist, Abneigung gegen ihn hegt oder gar ihn haßt. Der **Gotteshaß** ist die **schwerste Sünde**.

Wir müssen auch **unseren Nächsten lieben**, weil sie Gottes Geschöpfe sind. Wir dürfen niemand von unserer Liebe ausschließen, auch wenn er eine andere Sprache redet, zu einer anderen Rasse gehört oder eine andere Religion hat. Aber wer Gott haßt, den können wir nicht lieben. Trotzdem müssen wir sogar manchmal unsere Feinde lieben. Christus sagt: »Liebet eure Feinde« (Matth. 5, 44 45). **Die Gläubigen** aber sind unsere Brüder und Schwestern. Darum sollen wir sie **besonders lieben**. Der heilige Paulus sagt: »Tut Gutes **besonders den Glaubensgenossen**« (Gal. 6, 10). Die Eltern, Geschwister und Verwandten, unsere Freunde und Wohltäter und die Glieder unseres Volkes stehen uns besonders nahe; deshalb sollen wir **auch sie besonders lieben**.

Wer dem Nächsten eine Gabe Gottes nicht gönnt, z. B. Gesundheit, Begabung, Reichtum, Ehre und Glück, sündigt, wie das die Kommunisten taten, durch **Neid**. Wer sich über das Unglück des Nächsten freut, sündigt durch **Schadenfreude**. Die schlimmsten Sünden gegen die Nächstenliebe sind **Feindschaft und Haß**. Der heilige Johannes schreibt: »Wer seinen Bruder haßt, ist ein Mörder« (1 Joh. 3, 15). Ja, Haß und Feindschaft verderben das Herz und führen zu Gewalt, zu Totschlag, Mord und Krieg. Aber nicht jeder Totschlag oder jeder Krieg geschieht aus Haß, bisweilen geschieht er auch aus Liebe, um den Nächsten zu schützen. Viel berechtigten Zorn hat deshalb das Urteil des Bundesverfassungsgerichtes hervorgerufen, daß man **Soldaten** allgemein als **Mörder** bezeichnen darf. Der Standhaftigkeit unserer christlichen Politiker ist es zu danken, daß **unsere Soldaten der Bundeswehr** von diesem Schandurteil **ausgenommen** wurden. Sind denn sie, die gegenwärtig in Bosnien ihr Leben aufs Spiel setzen, um dort den Frieden zu bewahren und die Liebe unter den Menschen wiederherzustellen, Mörder? Handeln sie aus Haß, wenn sie die – nicht einmal christlichen! – Muslime vor den blutrünstigen, immer noch vom Kommunismus vergifteten Serben schützen? Nein, sie lieben ihren Nächsten, selbst wenn er eine andere Rasse oder Religion hat!

Die wahre Freiheit

Unsere **christliche Ethik** wird durch den Begriff **»Freiheit«** bestimmt. Diese Freiheit hat nichts mit kurzatmigen politischen Parolen zu tun oder gar mit einem zügellosen Liberalismus, der letztendlich zum Kommunismus führt und deshalb genauso verwerflich ist wie dieser. Freiheit meint hier viel mehr. Sie ist die Befreiung des Menschen von der Erbsünde durch Jesus Christus. Diese Freiheit muß der Mensch verwandeln in eine **Freiheit für etwas**, für die Bewahrung der Schöpfung, für die Gewinnung der ewigen Seligkeit. Für die Umschüler beispielsweise mündete die Freiheit vom Kommunsismus, von Mauer und Stacheldraht, in die Freiheit, die Gebote Gottes sowie die Gesetze und Verordnungen unseres christlichen Staates vorbehaltlos anzunehmen und zu erfüllen, auch wenn es oft noch einigen schwerzufallen scheint, ihren Sinn zu durchschauen.
Den Weg zur Freiheit hat Gott gezeigt, als er Moses die Zehn Gebote übergab. Sie enthalten die ewigen Werte der Moral. Wir dürfen aber solche Gebote, nach denen wir nicht töten, nicht stehlen oder lügen sollen, nicht wörtlich nehmen, sondern wir müssen vielmehr diese Gebote immer wieder neu **entschlüsseln**. Wir müssen sie wiedererkennen in unserem **Staatswesen**, in den staatlichen Gesetzen und Verlautbarungen, sie annehmen und befolgen. Wir müssen sie vor allem in ihrer Gesamtheit sehen und nicht nur einige, die uns gefallen, herausnehmen wollen und die anderen, die auf den ersten Blick wenig Bezug zu unserem täglichen Leben zu haben scheinen, vernachlässigen. Deswegen gehen wir im nächsten Abschnitt auf jedes Gebot ausführlich ein.

Die Zehn Gebote Gottes

Ich bin der Herr, dein Gott.

1. **Du sollst keine fremden Götter neben mir haben!**
2. **Du sollst den Namen Gottes nicht verunehren!**
3. **Gedenke, daß du den Sabbat heiligst!**
4. **Du sollst Vater und Mutter ehren!**
5. **Du sollst nicht töten!**
6. **Du sollst nicht ehebrechen!**
7. **Du sollst nicht stehlen!**
8. **Du sollst kein falsches Zeugnis geben wider deinen Nächsten!**
9. **Du sollst nicht begehren deines Nächsten Weib!**
10. **Du sollst nicht begehren deines Nächsten Hab und Gut!**

1. Du sollst keine fremden Götter neben mir haben!

Der jüdische und der christliche Glaube sind **monotheistisch** (mono, d.h. eins, theistisch, d.h. göttlich). Für Juden und Christen gibt es nur einen einzigen Gott. Alle andere Religionen sind Irrglauben.

»Du sollst keine fremden Götter neben mir haben«, spricht der Herr. Was können das für »fremde Götter« sein, die hier gemeint sind? Greifen wir nur drei von ihnen heraus:

1. Schon in der Bibel steht, daß die Israeliten sich einen fremden Gott gemacht hatten. Sie sammelten ihren Goldschmuck, schmolzen ihn ein und gossen daraus ein **goldenes Kalb**. Sie verehrten diesen Götzen und umtanzten ihn. Das golden Kalb war das Symbol für Genuß, für irdischen **Reichtum**.

Reichtum an sich ist nichts Schlechtes. Viele Reiche führen ein gottgewolltes Leben, tun Gutes und werden trotzdem vom Neid der Ärmeren verfolgt. Ein Ärmerer versteht oft nicht, wie schwer viele Menschen an ihrem Reichtum zu tragen haben und sich den Kopf zerbrechen, ob sie ihren Reichtum auch im Sinne Gottes verwenden, indem sie beispielsweise Kirchen erbauen oder anderen Menschen Lohn und Brot geben. Reichtum ist nur dann verwerflich, wenn er nicht dem Lobe Gottes dient, sondern wie bei den Dieben, Verbrechern und Kommunisten ausschließlich der Genußsucht der Reichen.

2. Ein zweiter Gott, den die Menschen bisweilen verehren, heißt **Natur**. Zwar ist auch der Mensch ein Teil der Natur, ist Geschöpf, aber er ist die **Krone der Schöpfung**. Alles Triebhafte des Menschen mit seiner Natur zu entschuldigen hieße, die Natur zu vergöttlichen. Auch einige sogenannte Ökologie-Bewegungen versuchen, die Natur zu vergöttlichen, indem sie uns einreden wollen, daß die Natur stärker sei als Gottes Plan. Wenn wir die Natur nicht genügend »anbeten«, würde sie sich, so behaupten sie, eines Tages an uns Menschen rächen. Das ist eine absurde, atheistische Haltung, die wir schärfstens ablehnen müssen.

3. Ein dritter Gott heißt **Macht**, die Macht über Natur und Menschen. Schon der römische Schriftsteller Seneca aber sagt: »Wer herrschen will, muß sich auch beherrschen können.« Macht ist wie Reichtum, sie ist an sich wertfrei. Es kommt darauf an, wozu sie benutzt wird. Gut ist, wenn die Kirche Macht hat, um Gottes Gesetze im Staat einzubringen. Schlecht ist es, wenn man sich Macht anmaßt, wenn beispielsweise sinnlos gestreikt wird und die Wirtschaft Schaden erleidet, nur weil einige Gewerkschaftsfunktionäre ihre Macht beweisen wollen. Dabei merken die zum Streik verführten und oft ungebildeten Arbeiter nicht, daß sie sich ins eigene Fleisch schneiden und falschen Propheten hinterhergerannt sind.

Wir dürfen nur den **einzig wahren Gott** anbeten, weil **er allein** unser Schöpfer und höchster Herr ist. Wer ein Geschöpf zu seinem höchsten Herrn macht und anbetet, wie das die Kommunisten mit ihren Ideen machten, treibt Götzendienst oder Abgötterei. Durch **Aberglauben** sündigt, wer geschaffenen Dingen eine geheime Kraft zuschreibt, die Gott ihnen nicht verliehen hat. Die Kommunisten haben viele solche falschen Götzen erfunden, wie ihre roten Fahnen, Hammer und Sichel, Halstücher für Kinder u. a. – diese Dinge mußten »heilig« gehalten werden. Ihr Partei-Ausweis wurde zum »Dokument« mystifiziert, sein Verlust wurde mit harten Strafen geahndet. Die Zukunft suchten sie zwar nicht aus den Sternen oder aus den Karten zu erforschen, sondern aus den Andeutungen ihrer falschen Propheten, aber auch das unterschied sich nicht von primitiver Wahrsagerei. Gewisse Zahlen und Tage wie die Geburtstage ihrer Führer oder die Jahrestage ihres Systems hielten sie für schicksalbestimmend.
Wir sollen nur Gott anbeten, auch äußerlich: durch Gebet und durch Gesang, durch Falten der Hände und Beugen der Knie, durch das Licht der Kerzen und den Klang der Musik, durch den Schmuck der Altäre und die Schönheit der Gewänder. Wer dies für einfältig oder verschwenderisch hält, der kennt nicht die Kraft des Glaubens.

2. Du sollst den Namen Gottes nicht verunehren!

Wir dürfen von Gott nur mit **Ehrfurcht** sprechen. Es sündigt, wer den Namen Gottes oder andere heilige Namen leichtsinnig oder im Zorn ausspricht. Wer sich belustigend, d. h. satirisch oder gar zynisch, über Gott und den Glauben äußert, begeht eine schwere Sünde. Im Alten Bund galt: »Wer den Namen des Herrn lästert, soll des Todes sterben; die ganze Gemeinde soll ihn steinigen« (3 Mos. 24, 16).
Wir haben auch Ehrfurcht vor Orten, Dingen und Personen, die Gott geweiht sind, z. B. vor dem Hause Gottes (Kirche), vor dem Kreuz, vor Priestern und Ordensleuten.
Manchmal darf man Gott zum Zeugen anrufen, daß man die Wahrheit sagt, man schwört einen **Eid**, einen Aussageeid. Auch wenn man etwas versprechen will, schwört man einen Versprechenseid. Der Diensteid der Beamten ist so ein Versprechenseid.
Wer falsch schwört, begeht einen Meineid (mein, d. h. falsch). Wer schwört, etwas Böses zu tun, sündigt. Das trifft auf alle Eide zu, die die Menschen in der ehemaligen DDR schwören mußten. Schon die Kinder wurden gezwungen zu schwören, immer an die falschen Propheten, wie Lenin oder Thälmann, zu glauben und ihnen nachzueifern. Als Jugendliche gelobten sie bei den sogenannten Jugendweihen, an keinen

Gott zu glauben und dem kommunistischen System allzeit zu gehorchen. Die Staatsdiener mußten schwören, ihren Unrechtsstaat zu stützen und die Befehle der Parteibonzen gewissenhaft auszuführen. Schließlich mußten alle Burschen als Soldaten schwören, ihr Leben für die kommunistischen Führer und deren Partei einzusetzen. Solche Eide durfte man nicht halten, sie waren nichtig. Wer sich heute also mit so einem Eid herausreden will, lügt und will seine Schuld nicht bekennen.

3. Gedenke, daß du den Sabbat heiligst!

So wie Gott bei der Schöpfung am siebenten Tage ruhte, so soll auch der Mensch am siebenten Tag der Woche ruhen. Wir Christen feiern seit den Tagen der Apostel den Sonntag, nicht den Sabbat (Samstag) wie die Juden.

Schon die Kommunisten wollten den Sonntag abschaffen, weil er ihnen ein Dorn im Auge war. Es paßte ihnen nicht, daß die Christen am Sonntag ihrer Pflicht nachkamen und den Gottesdienst besuchten. Sie wollten ihn durch eine »gleitende Arbeitswoche« ersetzen. Auch bei uns gibt es heute solche Gedanken. Sie sind eine schwere Sünde.

Die Sonn- und Feiertage sollen Ruhetage sein. An diesen Tagen sollen wir uns von der Werktagsarbeit frei machen. Größere körperliche Arbeiten (»knechtliche Arbeiten«) sind am Sonntag verboten. Sie dürfen nur dann verrichtet werden, wenn sie dringend notwendig sind. An den Sonn- und Feiertagen sollen wir neue Kraft schöpfen. Wir können z.B. gute Schriften und Bücher lesen und uns an etwas Schönem freuen, zu dem wir werktags keine Zeit haben. Es ist schön, wenn die Familie gemeinsam zum Gottesdienst geht, gemeinsam ißt und sich gemeinsam erholt. Der Sonntag wird auch entheiligt durch unmäßiges Trinken, übertriebenen Sport und sündhafte Lustbarkeiten. Ausgedehnte Vergnügungen am Samstagabend gefährden die christliche Feier des Sonntags.

4. Du sollst Vater und Mutter ehren, auf daß es dir wohlergehe und du lange lebest auf Erden!

Früher war es üblich, daß die gesamte Familie zusammenblieb. Die Großeltern lebten mit den Kindern und Enkeln zusammen. Man sieht das heute noch bei uns in ländlichen Gebieten oder in Rußland und Osteuropa. In unseren Städten ist das leider aus der Mode gekommen. Die »modernen« Menschen schieben ihre Eltern ins Alters- oder Pflegeheim ab, weil sie angeblich keinen Platz haben. So entsteht eine große Gefahr für die Familie und unser ganzes Volk.

In der Familie erfährt der Mensch seine seelische Geborgenheit, die er für draußen braucht. Im Sozialismus wollte man deshalb die Familie abschaffen. Alle Frauen mußten berufstätig sein und ihre Kinder nach sowjetrussischem Vorbild in eine sozialistische Erziehungsanstalt (sogenannte Kinderkrippen und -gärten) abgeben. Die Folgen waren zerstörte Familien und psychisch geschädigte Kinder. Dadurch hat sich das SED-Regime schwer am Volk vergangen.

Die Kinder sollen ihre Eltern achten, und die Eltern müssen sie durch Wort und Beispiel zu einem **christlichen Leben erziehen**. Sie dürfen die Kinder nicht verwöhnen und verzärteln; sie sollen sie mit Liebe, aber mit Festigkeit leiten.

Was für Eltern und Kinder gilt, soll auch für **Vorgesetzte** und ihre **Untergebenen gelten**. Der **Staat** hat nach Gottes Willen für das allgemeine Wohl zu sorgen. Er muß z. B. Gesetze erlassen, Recht sprechen, die Verbrecher bestrafen, Verträge mit anderen Staaten schließen, das Land vor feindlichen Angriffen und allgemeiner Not schützen.

Die **Staatsbürger** müssen die Gesetze des Staates befolgen, die staatliche Obrigkeit achten und nach Kräften am allgemeinen Wohl mitarbeiten. Sie sollen sich z. B. an den Wahlen beteiligen: Bei der Wahl dürfen sie **nur denen ihre Stimme geben**, die für ihr Amt geeignet sind und die Gewähr dafür bieten, daß sie **für die Rechte Gottes eintreten** werden; sie müssen die Steuern bezahlen und bereit sein, in Gefahr ihr Land auch mit ihrem Leben zu verteidigen. Wenn die Obrigkeit etwas befiehlt, was Sünde ist, darf man ihr nicht gehorchen. Ungehorsam gegenüber einer atheistisch-kommunistischen Obrigkeit zu sein, war deshalb gottgefällig. Einer christlich-demokratischen Regierung, die für die Rechte Gottes und des Glaubens eintritt, muß man dagegen Achtung und Gehorsam entgegenbringen.

5. Du sollst nicht töten!

Wir müssen für unseren Leib, unser Leben und unsere Gesundheit sorgen, weil Gott sie uns anvertraut hat. Wer seine Gesundheit vernachlässigt, sündigt. Unmäßigkeit im Essen, Trinken und Rauchen und übertriebene Anstrengungen beim Sport können die Gesundheit schwer schädigen. Besonders schwer sündigt, wer **ungeborenes Leben tötet** oder wer sich das Leben nimmt. Die Mörder greifen in die Rechte Gottes ein; Gott allein ist der Herr über Leben und Tod. Sowohl die Kindesmörder als auch die Selbstmörder stürzen sich ins ewige Verderben.

Manchmal aber ist es geboten, die Gesundheit, ja das Leben einzusetzen, z. B. um des Glaubens willen oder zum Wohle des Nächsten.

Wer einen Menschen **ungerechterweise** tötet, begeht eine himmelschreiende Sünde.

Aber: Gott will nicht, daß wir ungerechten Angriffen schutzlos preisgegeben sind. Darum darf jeder in **gerechter Notwehr** sich und andere verteidigen. Den Soldaten ist es in einem **gerechten** Kriege erlaubt, die feindlichen Soldaten zu töten. Gerecht sind Verteidigungskriege sowie Kriege, die zur Durchsetzung der göttlichen Ordnung auf Erden geführt werden. Auch die Obrigkeit darf schwere Verbrechen mit dem Tode bestrafen. Wenn aber die Obrigkeit selbst aus Verbrechern besteht, wie das im Kommunismus der Fall war, mißbraucht sie dieses Recht. Wieviele Menschen, deren einzige »Straftat« darin bestand, diesen Unrechtsstaat verlassen zu wollen, sind an der Mauer und am Stacheldraht ermordet worden, wieviele Andersdenkende verschwanden auf Nimmerwiedersehen in Gefängnissen und Straflagern! Diesen Mördern und ihren Helfershelfern wird heute bisweilen nur halbherzig der Prozeß gemacht, sie werden auf Bewährung verurteilt oder laufen noch unbehelligt frei herum. Ihrer gerechten Strafe im Jenseits aber werden sie nicht entgehen!

6. Du sollst nicht ehebrechen!
und
9. Du sollst nicht begehren deines Nächsten Weib!

Diese beiden Gebote berühren den gleichen Themenkreis, nämlich das rechte Verhältnis von Mann und Frau. Gott hat Mann und Frau nach seinem Ebenbild erschaffen.

Die meisten Menschen hat Gott für die **Ehe** berufen. In der Ehe sollen Mann und Frau miteinander den Weg zum Himmel gehen.

Christus sagt: **»Was Gott verbunden hat, darf der Mensch nicht trennen«** (Matth. 19, 6). Der **Ehebruch** ist eine schwere Sünde. Er fängt mit bösen Gedanken und Wünschen an. Darum gebietet Gott im Neunten Gebot: »Du sollst nicht begehren deines Nächsten Weib«. **Liebeleien** zwischen Mädchen und Jungen zerstören die Kraft zu einer späteren großen Liebe. Wer glücklich werden will, muß warten können, bis er für die Ehe reif ist.

Manche Menschen bleiben **ehelos**. Sie verzichten auf die Ehe, weil sie sich ganz Christus, dem himmlischen Bräutigam, weihen.

Der **Leib des Menschen** mit all seinen Gliedern und Kräften **ist von Gott geschaffen** und gut. So sind auch die Geschlechtsteile von Gott geschaffen und gut. Das **Schamgefühl** drängt uns, diese Teile des Körpers bedeckt zu halten. Gott will, daß wir die Geschlechtsteile nicht leichtfertig anschauen oder berühren.

Gegen die Keuschheit sündigt, wer **Unkeusches allein oder mit andern** tut oder wer sich freiwillig in unkeuschen Gedanken aufhält.

Die Unkeuschheit stürzt den Menschen in **Krankheit, Elend und Schande** und führt nicht selten zu einem **unbußfertigen Tod**.
Die eindringlichen Mahnungen des Heiligen Vaters zu ehelicher Treue, zur Keuschheit und zum Schutz des ungeborenen Lebens werden heute leider von einigen belächelt oder mißverstanden. Man geht sogar soweit, ihm durch seine Festigkeit in dieser Frage die Schuld für eine angebliche Überbevölkerung und eine Armut in der Dritten Welt zu geben! Aber wie sieht es denn in Wirklichkeit aus? Wohin man auch blickt, wird der Unkeuschheit **Tür und Tor geöffnet**.
Die geschlechtliche Lust ist zum **Selbstzweck** geworden. Viele Mädchen und Frauen wetteifern in ihrer Mode (kurze Röcke, schwarze Strümpfe), die Blicke der Männer auf sich zu lenken, um sie zum Ehebruch zu verführen. Selbst die schlimmste Entgleisung, die widernatürliche **gleichgeschlechtliche »Liebe«**, wird nicht nur zunehmend toleriert, sondern sogar öffentlich zur Schau gestellt! Wie Recht der Heilige Vater in seiner Unbeirrbarkeit hat, zeigen die Folgen: Die moderne Pest, das **Aids**, als Ergebnis ungezügelten Geschlechtsverkehrs, ist die Strafe für diese Sünden. Nur ein radikales Umdenken auf ein gesundes, gottgewolltes Verhältnis von Mann und Frau in der Ehe, kann diese Flut noch eindämmen. Es ist höchste Zeit, wenn uns nicht das Strafgericht Gottes treffen soll, wie einst das biblische Sodoma und Gomorrha!

7. Du sollst kein falsches Zeugnis geben wider deinen Nächsten!

Die **Wahrhaftigkeit** ist ein sehr hohes Gut. Gegen die Wahrhaftigkeit sündigt, wer lügt. Man darf nie lügen, auch nicht um anderen einen Dienst zu erweisen (Dienstlüge) oder sich aus der Not zu helfen (Notlüge). Die **Unwahrhaftigkeit** ist ein großes Übel. »Lügenhafte Lippen sind dem Herrn ein Greuel« (Spr. 12, 22). Besonders schlimm ist es, wenn, wie im Kommunismus, sich ein ganzes System auf Lügen aufbaut und sich nur durch Lügen am Leben halten kann. Danach fällt es den Menschen sehr schwer, zur Wahrhaftigkeit zurückzufinden, denn sie meinen, ihr Leben nur durch Lügen bewältigen zu können.
Die Wahrhaftigkeit verlangt aber **nicht**, daß wir immer alles sagen, was wir denken. Manchmal müssen wir aus Klugheit oder aus Liebe **schweigen**, z.B. um ein Geheimnis zu bewahren oder um einen Menschen nicht zu verletzen.
Wie oft geschieht es aber, daß öffentlich falsches Zeugnis und damit ein schlechtes Beispiel gegeben wird! Die Gründe sind oft politischer Natur. Es wird dem »politischen Gegner« unterstellt, er lüge, um Wahlen zu gewinnen. Von Wahl**betrug** und Volks**verhetzung** ist die Rede.

Nehmen wir ein Beispiel: Als unser Herr Bundeskanzler vor den ersten gesamtdeutschen Wahlen auf dem Erfurter Domplatz von »blühenden Landschaften« sprach, wurde ihm Wahlbetrug vorgeworfen. Er hätte damit Stimmen für die CDU »fangen wollen«. Wie oft wurde er deshalb verhöhnt und in seiner Ehre gekränkt! Wahr ist, daß er sich in der **Zeit irrte**. Niemand wußte, was wir für ein schlimmes Erbe übernehmen mußten. Hat er deshalb gelogen? Hat er die Wähler getäuscht? Nein.
Auch bei Politikern, die das Gute wollen, gilt, daß sie nicht immer alles sagen, was sie denken. Manchmal müssen auch sie aus Klugheit oder aus Liebe **schweigen**.

8. Du sollst nicht stehlen!
und
10. Du sollst nicht begehren deines Nächsten Hab und Gut!

Alle Erdengüter gehören Gott; denn er hat sie geschaffen. Er läßt uns aber an seiner Herrschaft über die Dinge teilnehmen. Nach Gottes Willen hat **jeder Mensch das Recht**, Eigentum zu haben. Die Kommunisten ignorierten dieses Gebot und enteigneten viele Menschen. Sie stahlen wie Diebe deren rechtmäßig erworbenes Eigentum. Sie wollten alle private Habe abschaffen, sie »verstaatlichen«, d. h. sich damit selber bereichern. Sie verstießen damit gegen die göttliche Ordnung, und das war der Hauptgrund für ihren Untergang.
Aber alles, was wir besitzen, bleibt **Eigentum Gottes**. Wir sind nur Verwalter. Wir müssen auch immer ein offenes Herz haben für die **großen Aufgaben der Kirche**.
Die Sorge um Geld und Gut darf uns nicht beherrschen. Wir müssen uns vor Gier, Habsucht und Geiz hüten. Besser auf Erden arm sein und in den Himmel kommen, als irdischem Reichtum nachjagen und ewig verlorengehen. Christus sagt: »Sammelt euch nicht Schätze auf Erden, wo Motten und Rost sie vernichten, wo Diebe einbrechen und stehlen. Sammelt euch Schätze im Himmel. Denn wo dein Schatz ist, da ist auch dein Herz« (Matth. 6, 19–21).
Jeder Mensch hat ein **Recht** darauf, daß sein **Eigentum** von den anderen Menschen geachtet wird und es **zu schützen**. Am Eigentum des Nächsten versündigt sich, wer fremdes Gut stiehlt oder raubt.
Die Sünden gegen das Eigentum **beginnen im Herzen**. Wer den Wunsch hat, fremdes Eigentum sich widerrechtlich anzueignen, sündigt gegen das Zehnte Gebot: »Du sollst nicht begehren deines Nächsten Hab und Gut!« Wer fremdes Gut unrechtmäßig besitzt, muß es zurückgeben. Das fällt nicht immer leicht, wie wir jetzt im Osten sehen können.

Man könnte meinen, das Zehnte Gebot »Du sollst nicht begehren deines Nächsten Hab und Gut« wäre eine Wiederholung des Siebenten Gebotes: »Du sollst nicht stehlen«! Es steht aber am Schluß der Zehn Gebote, es muß also besonders wichtig sein. Das ist es auch!
Dieses Gebot ist der stärkste Grundpfeiler unserer abendländischen Zivilisation. Es bestimmt die **Unantastbarkeit des privaten Eigentums**. Der ungerechtfertigte Neid auf das Eigentum des Nächsten ist die Ursache großen Übels. Er führt zu Kriegen und Revolutionen und stürzt die Menschen ins Unglück.

Von den letzten Dingen des Menschen

Der Tod

Alle Menschen müssen sterben. Christus hat uns durch seinen Tod das ewige Leben erworben. Nun ist der Tod für den, der in Christus stirbt, das **Tor zum ewigen Leben**.
Beim Tode trennt sich unsere Seele vom Leibe. Der Leib wird der Erde übergehen und zerfällt. Unsre Seele aber kann nicht zerfallen, weil sie ein Geist ist.
Sofort nach dem Tode kommt unsre Seele vor **Gottes Gericht**. Sie muß Rechenschaft geben über alle Gedanken, Worte und Werke. Dieses Gericht ist das Besondere Gericht. Danach kommt die Seele entweder in den **Himmel oder in das Fegfeuer oder in die Hölle**.

Der Himmel

Wer frei von allen Sünden und Sündenstrafen ist, kommt nach dem Tode sofort in den **Himmel**. Er lebt dort in der Gemeinschaft der **Engel und Heiligen**. Er ist frei von allem Übel und ganz glücklich. Im Himmel findet er alle Verwandten und Freunde wieder, die im Herrn entschlafen sind. Die Freuden des Himmels sind größer, als wir uns vorstellen können. Von ihnen gilt das Wort: »Kein Auge hat es gesehen, kein Ohr hat es gehört, und in keines Menschen Herz ist es gedrungen, was Gott denen bereitet hat, die ihn lieben« (1 Kor. 2, 9).
Die Freuden des Himmels sind **nicht für alle gleich groß**. »Wer reichlich sät, wird auch reichlich ernten« (2 Kor. 9, 6).

Das Fegefeuer

Wer in der Gnade Gottes stirbt, aber noch nicht frei von allen Sünden und Sündenstrafen ist, kann nicht sofort in den Himmel eingehen. Wer noch zu büßen hat, kommt daher erst an einen Reinigungsort, den wir das **Fegefeuer** (d. h. Reinigungsfeuer) nennen.

In schweren Leiden müssen sie ihre **Sündenstrafen abbüßen**. Ihr größter Trost ist, daß sie Gott bald schauen werden und für ewig gerettet sind. Sie können **selbst nichts tun**, um ihre Leiden abzukürzen. Durch Christus können auch wir für die armen Seelen **beten und opfern**, damit sie bald von ihren Leiden erlöst werden.

Die Hölle

Wer in der Todsünde stirbt, wird von Gott verdammt und kommt in die **Hölle**. Er leidet die **Qualen des höllischen Feuers**, wird immerfort von seinem bösen Gewissen gepeinigt und wohnt in der Gesellschaft der bösen Geister und der anderen Verdammten. Seine Strafe wird kein Ende nehmen; sie dauert in alle Ewigkeit fort.
Die Verdammten leiden aber **nicht alle gleich** viel. Gott ist gerecht; wer schlimmer gesündigt hat, wird auch härter gestraft.
Christus spricht von der Hölle nicht um uns zu ängstigen, sondern um uns zu warnen.
Er will die Sünder zur Umkehr bringen, **solange es noch Zeit ist**.

Methodisch-didaktisches Spiel

Bilden Sie mit den Schülern einen Kreis, fassen Sie sich an den Händen und singen Sie das Lied:

»Kein schöner Land in dieser Zeit,
als hier das unsre weit und breit,
wo wir uns finden
wohl unter Linden zur Abendzeit.

Da haben wir so manche Stund
gesessen wohl in froher Rund
und taten singen,
die Lieder klingen im Eichengrund.

Daß wir uns hier in diesem Tal
noch treffen so viel hundert mal
Gott mag es schenken,
Gott mag es lenken, er hat die Gnad.

Nun Brüder eine gute Nacht,
der Herr im hohen Himmel wacht,
in seiner Güten
uns zu behüten, ist er bedacht.«

Fragebogen zu Thema 12 Punkte

1. Was ist Ethik	
a) dasselbe wie Moral	5
b) die Lehre von der Moral	10
c) Völkerkunde	0
2. Wie heißen die drei »fremden Götter«?	
a) Allah, Mohammed, Buddha	5
b) Reichtum, Natur, Macht	10
c) Marx, Engels, Lenin	0
3. Warum soll man den Sonntag heilig halten?	
a) wegen der Bundesliga	5
b) wegen des Kirchganges	10
c) man muß nicht	0
4. Warum soll man Vater und Mutter ehren	
a) aus Dankbarkeit	5
b) um zu erben	0
c) damit es einem wohlergehe und man lange lebe auf Erden	10
5. Welche Methode zur Verhütung der Empfängnis ist die beste?	
a) Kondom	0
b) Keine, alle sind Sünde	10
c) Enthaltsamkeit	5
6. Die Ursache des Diebstahls ist	
a) Neid	10
b) Armut	5
c) Reichtum	0
7. Das Begehren fremden Hab und Gutes ist	
a) anspornend für den eigenen Fleiß	0
b) Ursache von Krieg und Revolution	5
c) eine schwere Todsünde, denn sie stürzt die Menschheit ins Unglück	10
8. Wie lautet die Frohe Botschaft:	
a) Deutschland einig Vaterland	0
b) Jauchzet, frohlocket!	5
c) Friede auf Erden und den Menschen ein Wohlgefallen!	10

Auswertung: Höchstpunktzahl 80: ausgezeichnet; 75 Punkte: sehr gut; 70 Punkte: gut; 65 Punkte: ausreichend; unter 65 Punkte: ungenügend.

Gesamtauswertung

des Testats, der Fragenbögen und der Aufgaben des Lehrganges

		Punktzahl	Prädikat
		1 460 Punkte	ausgezeichnet
1 370	bis	1 455 Punkte	sehr gut
1 260	bis	1 365 Punkte	gut
1 140	bis	1 255 Punkte	ausreichend
	unter	1 140 Punkte	ungenügend

(Geben Sie bitte die jeweiligen Ergebnisse dem verantwortlichen Mitarbeiter der Landeszentrale für politische Bildung an, damit sie in die Urkunden eingetragen werden können.)

Sehr geehrte Damen und Herren Kursleiter!

Nun, am Ende dieses Anpassungs-Fortbildungslehrganges harrt Ihrer noch eine schöne und dankbare Aufgabe: Sie werden in einer würdigen Feierstunde den Umschülern die Urkunden überreichen und ihren Eid auf unsere freiheitlich demokratische Grundordnung entgegennehmen dürfen.
Die Landeszentralen für politische Bildung sind angewiesen, für diese Feier einen festlichen Rahmen zu schaffen, d. h. einen angemessenen Raum anzumieten, auf die entsprechende Festausstattung zu achten und einen dem Anlaß gemäßen kulturellen Beitrag zu arrangieren.
Sie werden vor vor allem aber auch Sorge dafür tragen, daß an dieser Feierstunde entsprechend hervorragende und einflußreiche Persönlichkeiten des öffentlichen Lebens aus Kirche, Staat und Wirtschaft teilnehmen. Ein sich an die Feierstunde anschließendes kleines Festessen wird diese Persönlichkeiten und Ihre Umschüler erstmalig zusammenführen. Dadurch wird sich eine zwanglose Möglichkeit ergeben, persönliche Bekanntschaften zu schließen und erste Kontakte zu knüpfen.

☛ Achten Sie bitte bei der Sitzordnung darauf, daß die Umschüler mit den besten Noten direkt neben die Persönlichkeiten plaziert werden. ☚

Der Autor

Reinhold Andert, geboren 1944 in Thüringen, Schüler am bischöflichen Vorseminar in Schöneiche, Orgelbauer, Studium der Philosophie und Geschichte. Seit 1973 freier Liedermacher und Schriftsteller, 1980 Ausschluß aus der SED, lebt in Berlin.
Autor (zusammen mit Wolfgang Herzberg) des Bestsellers »Der Sturz. Honecker im Kreuzverhör« (1990), sowie Autor von »Unsere Besten. Die VIPs der Wendezeit« (1993) und »Rote Wende. Wie die Ossis die Wessis besiegten« (1994).